Online-Mittelstand in Deutschland

Erfolgreiche Gründer der Internet-Branche im Gespräch

Thomas Promny

Das kommerzielle Internet ist in Deutschland mittlerweile etwa 20 Jahre alt. Nach der ersten großen Krise dieser Branche um das Jahr 2000 herum wurde sie auch gerne mal totgesagt, nun ist sie jedoch auf dem besten Wege, richtig erwachsen zu werden: Mittlerweile schätzt der *Bundesverband der Digitalen Wirtschaft (BVDW)* die Zahl der Beschäftigten der deutschen Online-Branche auf fast 500.000 (Stand 2014). Und die meisten der Unternehmen verdienen sogar solides Geld: Mit 85 Milliarden Euro Umsatz liegt der Anteil am Bruttoinlandsprodukt laut *BVDW* bei immerhin schon 3,1%.

Schon länger ist *United Internet* an der Börse, zuletzt kamen auch noch *Rocket Internet* und *Zalando* dazu. Obwohl es also mittlerweile sogar deutsche Internet-Konzerne gibt, kommt die Masse der Arbeitsplätze, Umsätze und Innovationen, wie auch in anderen Branchen, aus dem Mittelstand. In dem Buch „**Online-Mittelstand in Deutschland – Erfolgreiche Gründer der Internet-Branche im Gespräch**" möchten wir einen Blick auf die Unternehmerpersönlichkeiten werfen, die diesen Mittelstand aufgebaut haben und weiterhin aufbauen. Einen repräsentativen Auszug hieraus stellt das Interview in diesem Büchlein dar.

Thomas Promny
Online-Mittelstand in Deutschland
Online-Mittelstand in Deutschland
Erfolgreiche Gründer der Internet-Branche im Gespräch
Thomas Promny

Das Interview in diesem Büchlein stammt aus dem Buch **„Online-Mittelstand in Deutschland – Erfolgreiche Gründer der Internet-Branche im Gespräch“** von Thomas Promny, in dem weitere 19 Gründer und immerhin auch eine Gründerin ihre spannenden Geschichten erzählen: Sie beinhalten viele Auf und Abs, einige Fehler und Sackgassen, aber auch entscheidende Hintergründe und so manches Erfolgsgeheimnis.

Das Buch beinhaltet auf 428 Seiten folgende Interviews:

Sebastian Diemer - Kreditech
Florian Heinemann - Project A
Matthias Henze - Jimdo
Heiko Hubertz - Bigpoint
Wolfgang Macht - Netzpiloten
Tarek Müller - AboutYou
Patrick Postel - Silpion
Freise, Ostermayer, Rehling - Handy.de, blau.de
Jan Schlüter - Mediakraft
Torsten Schnoor - guenstiger.de
Matthias Schrader - SinnerSchrader
Tim Schumacher - Sedo
Jens Schumann - Tipp24
Dr. Friedrich Schwandt - Statista
Christoph Schäfer - Performance Media
Yvonne Tesch - Maryme
Thomas Wagner - Unister
Kai Wawrzinek - Goodgame Studios

Jetzt bestellen bei oder kostenlos probelesen auf Online-Mittelstand.de

Heiko Hubertz

Gründer der *Bigpoint GmbH*

Jahrgang: 1976

Firma: *Bigpoint GmbH*

Standort: Hamburg

Anfang des Jahrtausends gab es zwar auch schon Online-Spiele, die Millionen von Spielern in ihren Bann gezogen haben, doch die Unternehmen dahinter nagten größtenteils am Hungertuch. Die naheliegende Idee war zunächst, Spiele und auch andere Web-Angebote über Werbung zu finanzieren. Insbesondere nach dem Platzen der Blase brachte dies jedoch kaum genug Geld, um die technische Infrastruktur zu finanzieren.

Heiko Hubertz hatte als einer der Ersten die geniale Idee, In-Game Purchases anzubieten – den Spielern also virtuelle Güter innerhalb der Spiele für echtes Geld zu verkaufen. Man stelle sich nur vor, Otto hätte jemals Herrenschuhe oder Waschmaschinen für echte Euros verkaufen können, deren Herstellung nichts gekostet hat. Genau das ist Heiko Hubertz in der Spielebranche gelungen. Und das Verrückteste daran: Es funktioniert. Damit war der Grundstein für ein 1.000-Mitarbeiter-Unternehmen gelegt.

Heiko, Du bist Investor und *Serial Entrepreneur* im Bereich Games. Wie bist
Du dorthin gekommen?

Ich habe meinen allerersten Computer mit neun Jahren bekommen.
Damals hatten alle einen *C64*, *Amiga* und ähnliche Spiele-Computer, mein
Vater hingegen kam gerade frisch aus der Bundeswehr und hat mir einen
80/80 hingestellt. Das war ein richtiger Computer mit Monochrom-
Bildschirm – auf dem es natürlich keinerlei Spiele gab. Die einzige Lösung
für mich war, ihn zu programmieren, also habe ich das gelernt. Ich habe
mich dann immer weiter in das Thema Computer und die ganze Systematik
hineingefuchst, bis ich an unserer Schule schließlich selbst Informatik-
Unterricht gegeben habe, weil ich es besser erklären konnte als der Lehrer.
Da war mir klar, ich möchte etwas in diesem Bereich machen.

Später habe ich die FH Wedel für mich entdeckt. Da die Fahrten
dorthin sehr lang waren, hatte ich sehr viel Zeit zum Lesen. Nur Informatik
zu studieren, war mir ohnehin zu langweilig, ich wollte auch verstehen, wie
BWL eigentlich funktioniert. Im fünften Semester habe ich das Studium
abgebrochen, aber immerhin noch alle Klausuren gemacht und zum Schluss
irgendein Zeugnis im Bereich Wirtschaftsinformatik bekommen – was ich
später nicht mehr gebraucht habe. Damals kam es gerade zur Liberalisie-
rung des Telekommunikationsmarktes und ich habe ein tolles Angebot aus
der Wirtschaft bekommen. Aber nach gut anderthalb Jahren habe ich einge-
sehen, dass ein Angestelltenverhältnis nichts für mich ist. Mein Gedanke
war: „Das, was die hier machen, kann ich doch auch selbst machen.“ Ich
habe dann gekündigt und mein erstes Unternehmen gegründet, das war
1998.

Welche Idee stand hinter Deiner ersten Gründung?

Ich habe überlegt, wie man Zahlungen im Internet besser und vor allem
sicherer gestalten könnte, und ein System entwickelt, das *Dialer* hieß. Später
ist das in Verruf geraten, aber die Grundidee bestand eigentlich darin, digitale Inhalte abzurechnen. Der damals populäre Zugang zum Internet war
die ISDN- und Modem-Leitung. Indem wir die Verbindung kurz kappten,
wurde eine andere Nummer für zwei, drei oder fünf DM angewählt, und
die Verbindung dann wiederhergestellt, man hat also quasi über die Verbindung bezahlt. Das hat sehr gut funktioniert.

Wie hast Du den Crash der *New Economy* erlebt, inwiefern hat er Dich
betroffen?

Wir hatten damals *Venture Capital* aufgenommen, mit dem wir diverse
Unternehmen mit diversen Technologien zusammenbringen wollten. *Beate*

Uhse war damals gerade an die Börse gegangen und unsere Idee war, den ersten digitalen Erotik-Dienstleister an den Markt zu bringen. Dazu gehörten Jugendschutz- und Zahlungssysteme, Suchmaschinen, *Affiliate*-Programme – wir haben alles eingekauft und sozusagen in einem kleinen Konzern mit 70 Mitarbeitern zusammengebracht. Jeder war quasi Unternehmer und hatte drei, vier Mitarbeiter. Als der neue Markt zusammengebrochen ist, war klar, dass wir den Börsengang nicht mehr machen konnten. Wir waren schon auf Roadshow, hatten Prospekte und die Banken dafür ausgewählt. Wir waren eigentlich so weit, waren profitabel, hatten damals mehrere Millionen Gewinn gemacht, einen Umsatz in zweistelliger Millionenhöhe – das war wirklich alles okay, aber es war dennoch nicht möglich. Heute bin ich froh, dass der Börsengang nicht stattgefunden hat. Ich bin damals stark in die Öffentlichkeit gerückt und hätte die Verantwortung den Aktionären gegenüber gehabt. So konnte ich mich aus diesem Bereich wirklich sauber verabschieden. Unsere Kunden kamen damals aus der Erotikbranche, weil es die einzige war, die zu der Zeit digitale Inhalte hatte. Es war aber nicht unbedingt die Welt, in der ich mein Leben verbringen wollte, also habe ich meine Anteile ca. 2002 verkauft, um meine nächsten Projekte zu finanzieren.

> Ich habe lange gebraucht, um zu verstehen, dass man mit Computerspielen Geld verdienen kann.

Wie ging es für Dich als Unternehmer weiter?

Ich habe mich zwei, drei Monate mit sehr verschiedenen Ideen beschäftigt und mir ein Team zusammengestellt, mit dem ich für jede Idee, an die wir geglaubt haben, ein Projekt und eine eigene GmbH gegründet habe – insgesamt waren es 18. Eines der vielen Projekte, die wir umgesetzt haben, waren Computerspiele. Komischerweise hat genau das am besten funktioniert, obwohl ich am wenigsten daran geglaubt habe. Daraus ist letztendlich das Unternehmen *Bigpoint* entstanden. Allerdings habe ich bis 2005 gebraucht, um wirklich zu verstehen, dass dieses Unternehmen ein Riesenpotenzial hat, weil ich immer dachte, dass man mit Computerspielen nicht wirklich Geld verdienen könnte. Nach zwei Jahren war endgültig klar: Jedes Spiel, das wir rausbringen, macht mehr Umsatz als das Spiel zuvor – und die alten Versionen blieben bestehen, es gab also keine Kannibalisierung der Spiele. Das war der Punkt, an dem ich gesagt habe: „Lasst uns alles andere abstoßen und mit den Spielen mehr Gas geben." Wir haben alle profitablen Sachen, die wir verkaufen konnten, abgestoßen. Das war kein großer Exit, wir hatten vielleicht fünf, sechs Mitarbeiter, aber wir haben unsere Kosten wieder herausbekommen.

Dann haben wir *Venture Capital* eingesammelt, mit dem Geld weitere Produkte entwickelt und bewiesen, dass diese am Markt genauso gut funktionierten. 2006 waren wir auf der *E3* – der *Electronic Entertainment Expo*, damals die größte Computerspiele-Messe der Welt – in Los Angeles. Wir hatten einen kleinen Stand und uns kam es vor, als wollte kein Mensch mit uns reden: Jeder guckte uns nur komisch an und schien zu staunen, was wir für schlecht aussehende Spiele im *Internet Explorer* zeigten. Dann aber bekam ich eine Email von Oliver Samwer, der uns interessant fand. Er kam vorbei, hat sich angeschaut, was wir tun, und gesagt, dass er gerne investieren wollte. Wir haben das Angebot noch ein bisschen optimiert, von unserem anderen *Venture-Capital-*Geber eine weitere Runde erhalten – und von da an ging es raketenmäßig ab.

Ich habe vor allem gelernt, wie man eine skalierfähige Company aufbaut.

Wie kann man sich eure Zusammenarbeit vorstellen?

Zu der Zeit hatte Olli noch deutlich mehr Zeit, als er es heute hat, schließlich waren wir gerade mal sein zweites oder drittes Investment nach *Jamba*, also eines der ersten des *European Founders Fund*. Er ist noch mehr oder weniger regelmäßig zu uns ins Büro gekommen, hat seine Spezis wie Christian Vollmann mitgebracht und mit uns an dem Projekt gearbeitet. In den knapp zwei Jahren seiner Beteiligung habe ich persönlich im Rückblick vor allem gelernt, wie man eine skalierfähige Company aufbaut und nicht auf der Ebene des Mikro-Managements bleibt. Also nicht dieses „das musst Du jetzt machen, die Software schreiben, mit dem telefonieren", sondern wie man auf die Makro-Ebene findet, wie man Folgendes fragt: „Wie skaliere ich das? Auf was achte ich dabei? Was sind die Kennzahlen, die für mich relevant sind? Mit wem muss ich überhaupt zusammenarbeiten, um Größe zu erreichen?"

Das war für mich extrem hilfreich – in der Zeit sind wir beide auch durch die Decke geschossen: Olli ist damals bei einer Bewertung von neun Millionen Euro eingestiegen, verkauft haben wir bei einer Bewertung von ca. 100 Millionen Euro – und das nur zwei Jahre später. Wir haben schon sechs Monate später auf einer fast sechsmal höheren Bewertung Geld eingesammelt, als wir eingetrieben hatten. Das waren Dimensionen, von denen wir uns gar nicht hatten vorstellen können, sie mit einem Spiele-Unternehmen zu erreichen. Damals habe ich gelernt, was Unternehmertum und Skalierung bedeuten, davon zehre ich selbst heute und nach der ganzen Zeit bei *Bigpoint* noch.

Wie sahen eure Pläne bei all diesem Erfolg aus?

2008 haben wir zum ersten Mal verkauft, damals an *NBC Universal* sowie einen Private-Equity-Fund aus London. Sie haben ein Drittel gekauft und uns dabei geholfen, zu internationalisieren. Wir wollten in die USA gehen, dort etwas aufbauen und derweil in Europa stärker wachsen. Ein wichtiger Punkt dabei war, dass sie nur Anteile gekauft und nie Geld in die Firma gegeben haben. Wir haben das Unternehmen dann mit ihnen zusammen weiter skaliert, ausgebaut und waren super erfolgreich in fast allen Ländern – bis auf die USA.

2011 haben wir das Unternehmen wieder an zwei reine Private-Equity-Gesellschaften für damals 600 Millionen Dollar verkauft. Ich habe meine Anteile allerdings nicht verkauft, denn so habe ich bei gewissen Erfolgen auch an diesen partizipiert. Außerdem war ich zu diesem Zeitpunkt wirklich überzeugt, dass wir eine Company bauen können, die auch in den Milliardenbereich gehen kann. In dieser Zeit fanden die großen Börsengänge statt: *Facebook*, *LinkedIn*, *Zynga*, viele sind zu der Zeit an die Börse gegangen und haben fantastische Bewertungen bekommen. Das war auch genau die Idee der Private-Equity-Gesellschaften. Dann ist jedoch etwas passiert, was schwer vorherzusehen war – auch wenn man es durchaus hätte sehen können.

Welche Entwicklung war das, der Trend zum Mobile-Business?

Genau. Der Markt hat sich sehr stark vom browser-basierten hin zum mobilen Business entwickelt – und wir waren darauf schlecht vorbereitet. Wir haben einen großen Kundenstamm in Richtung *Mobile* verloren und mussten Ende 2012 eine Restrukturierung der ganzen Company vornehmen. Wir wussten, wir müssen uns auf ausgewählte Themen fokussieren, und haben uns überlegt, was wir in Zukunft besetzen wollten. Wir haben zunächst das US-Büro wieder geschlossen, die USA waren ein zu heftiger Markt, um dort bestehen zu können. Auch in Hamburg mussten wir damals etwas mehr als 100 Mitarbeiter entlassen und uns ganz auf Spiele und Themen konzentrieren, von denen wir wirklich glaubten, damit auch noch mittel- und langfristig Geld verdienen zu können. Ich habe dann bei der Restrukturierung gemerkt, dass das eine andere Story wird, die hier entsteht – nicht meine Story. Aber ich wollte die Restrukturierung noch machen, statt jemand anderen quasi meinen Dreck wegräumen zu lassen, so wollte ich das Unternehmen nicht verlassen.

> Was da entstand, war eine andere Story – das war nicht meine.

Am Tag der Restrukturierung bin ich dann offiziell zurückgetreten, aber noch sechs Monate Geschäftsführer geblieben und das weiterhin gehandhabt. Parallel haben sie jemand anderen gesucht, der das Unternehmen bis jetzt führt und sehr gut leitet. Ich habe dann erstmal die Welt bereist. Jetzt bin ich zurück und mache wieder ein Spiele-Unternehmen – aber diesmal machen wir ein paar Sachen anders, mal schauen, wie das funktioniert.

Eine sehr schöne Geschichte. Und Du bist bei Bigpoint immer noch Gesellschafter, richtig?

Klar, mir gehören immer noch 30% der Firma. Ich versuche natürlich auch, den Leuten Tipps zu geben – soweit es denn sinnvoll ist. Parallel habe ich mir im selben Gebäude eine komplette Etage genommen, auf der ich jetzt mit meinem neuen Team arbeite. Diese Nähe zu haben, ist total schön.

Solche Trends zu verpassen, kann sehr ärgerlich sein, allerdings passiert das in der schnelllebigen Internet-Branche einfach immer wieder …

Ja, und wir haben vorher schon einen anderen Trend verpasst: Den *Facebook*-Spiele-Trend. Das war einer meiner schlimmsten Fehler, aber heute kann ich sagen, dass ich zum Glück nicht die ganze Company dafür umgestaltet habe, denn er dauerte nur drei, vier Jahre. *Zynga*, einer unserer großen amerikanischen Konkurrenten, wollte uns dafür eigentlich ins Boot holen. Das Unternehmen war damals, also 2007, bereits online, aber noch klein, und Olli Samwer rief mich irgendwann an und meinte, „ich habe eine Company gefunden, die *Facebook*-Spiele macht, die wollen Deine Spiele bei sich aufnehmen, telefonier mal mit dem Gründer". Ich habe dann mit Mark Pincus, Gründer von *Zynga*, telefoniert, er hat mir die Idee erklärt – und ich habe es nicht kapiert. *Facebook* war in Deutschland noch nicht das große Thema und das Ganze für mich unklar: Da poste ich an die Wall, okay, aber wie sollen wir da Spiele machen? Ich habe nicht verstanden, welche Möglichkeiten dahinter standen. *Zynga* wollte gegen ein paar Prozente an der Firma und mit einem *Revenue-Sharing*-Deal unsere Spiele haben, damit sie diese für *Facebook* umbauen konnten. Ich habe das einem Entwickler von mir erklärt, der hat sich das angeschaut – und es nicht kapiert. Also haben wir schließlich abgesagt. Später war *Zynga* ein Unternehmen für zehn Milliarden Dollar, das an die Börse gegangen ist – hätten wir damals die zwei, drei Prozent bekommen, hätte sich unser Unternehmenswert fast verdoppelt. Das war wirklich ein großer, großer Fehler.

Und wie habt ihr den plötzlich aufkommenden Mobile-Spiele-Trend erlebt?

Den haben wir durchaus gesehen. Ich habe 2010 bei unserer Weihnachtsfeier allen Mitarbeitern, damals bereits ca. 600 Leuten, ein *iPad 3G* geschenkt. Ich wollte, dass jeder versteht, dass *Mobile* wichtig ist und dass das Tablet eine andere, große Dimension hatte – es war zudem auch das bessere Spiele-*Device*. Zwei Monate später bin ich aber in die USA gegangen, um den Standort dort aufzubauen, und so hat sich niemand richtig um *Mobile* gekümmert, sondern nur darum, das bestehende Geschäft weiter voranzubringen. Und dieses lief ja auch prächtig weiter, es ging stetig aufwärts.

Als ich aus den USA wiedergekommen bin, habe ich mir aus allen möglichen Teams Leute zusammengesucht und gesagt: „Wir machen jetzt *Mobile*." Sie haben sich alle als gute Programmierer, gute Grafiker verstanden, aber wie *Mobile Usability* technisch funktionierte, wie man das am besten machte, das wussten sie nicht. Da haben wir für uns erkannt, dass wir es entweder an Externe abgeben oder uns Knowhow hinzukaufen mussten. Wir haben dann ein Studio in Frankreich gekauft und mehr mit externen Entwicklern in dem Bereich zusammengearbeitet. Somit haben wir den Trend eigentlich nicht verpasst, aber ihn nicht für voll genommen, uns nicht darauf fokussiert.

Hattet ihr damals vielleicht eine Kultur entwickelt, in der Browser-Spiele gut und Mobile-Games aber böse waren?

Nein, sie waren nicht einmal böse besetzt, vielmehr kommen wir hierbei zu den Schmerzen eines Unternehmens, das ganz schnell gewachsen ist. Zu dem Zeitpunkt waren wir rund 800 Leute. Du hast plötzlich überall Büros, in Sao Paulo, San Francisco, Berlin, Hamburg, Korea, Paris, Istanbul, und bist mehr damit beschäftigt, Leute auf dem aktuellsten Stand zu halten als mit dem, was du eigentlich machen wolltest. Zudem musste plötzlich jeder gefragt werden – ich meine das gar nicht böse, aber plötzlich waren *Payment*-Leute in die *Mobile*-Frage involviert, die sich ausgeschlossen sahen, weil *Apple* nur das anbieter-eigene *Payment* erlaubte. Man meint, man könnte über so etwas lachen, aber das waren ernsthafte Anforderungen, die das Projekt erst einmal wieder drei Tage blockiert haben, bis von mir oder von einer anderen Führungsperson die nötige Entscheidung kam. Das passiert vielfach in größeren Organisationen: Nur deswegen sind Großkonzerne an Start-Ups interessiert und deswegen sollten Start-Ups so wenig wie möglich verändern. Wenn du ein schnell wachsendes Unternehmen hast und Kultur, Struktur und Kommunikation nicht sauber mitziehst, passiert genau das.

Ich glaube, dass du im Geschäft Computer-Spiele – unabhängig davon, auf welcher Plattform du dich bewegst – verstehen musst, ob du in einem durch Hits getriebenen Geschäft oder in einem *Branding*-Geschäft bist. Du brauchst eines von beiden, sonst hast du keine Chance. Wenn ich einen Hit habe, dann ist das zu der Zeit total toll, aber: Kriege ich keinen zweiten Hit, ist die Company auch nichts wert. Wenn ich einen *Brand* habe – wie *World of Warcraft* oder *Fifa* beispielsweise –, kann ich in regelmäßigen Abständen eine Fortsetzung herausbringen und habe eine relativ hohe Wahrscheinlichkeit, Geld zu verdienen. Das haben sowohl *Zynga* als auch viele andere im *Mobile*-Games-Bereich aber nicht geschafft. Am Markt weiter die Rolle zu spielen, die sie mal gespielt haben, haben viele nicht hinbekommen, auch *Bigpoint* nicht. Ich sehe aktuell weitere am Markt, die supererfolgreich sind, aber genau in dieses Problem hineinrennen. Wir denken in der Online-Branche zu häufig in Performance statt in *Brands*. Wir schauen nur darauf, wie wir Nutzer noch besser monetarisieren können, wir schauen auf den *Customer Lifetime Value* etc., aber nicht auf Themen wie *Brand Value* und *Brand Recognition*.

Absolut. Hinzu kommt, dass es zwar Leute gibt, die eine gewisse Fähigkeit haben, im Mainstream etwas erkennen zu können, aber nur wenige sind supertalentiert und eine Garantie gibt es ohnehin nicht. Ein Problem ist auch, dass diese Leute sich weiterentwickeln wollen, man kann ihnen schwer sagen, „mach das nochmal, mach genau das nochmal". Hinzu kommt: Wenn ein Spiel nicht nur über Glück und einen Trend funktioniert, ist der Produktwert höher. Wir haben anfangs Spiele produziert, die in der Umsetzung 30.000 Euro gekostet haben. Der neueste Artikel, den wir bei *Bigpoint* produziert haben, *Shards of War*, lag bei acht Millionen Euro, so etwas entwickle ich auch vier oder fünf Jahre lang, davon kann ich nicht jedes Jahr zehn Stück rausbringen.

Der Markt hat sich sehr stark weiterentwickelt. Es gibt Spiele, die mit 30 Millionen Dollar mehr als einige Hollywood-Filme kosten, mittlerweile ist da also eine ziemlich große Einstiegshürde aufgebaut worden. In solchen Dimensionen kann man kein Start-Up produzieren, das von Null startet, oder?

Genau das ist das Problem — und trotzdem sind Spiele wie *Angry Birds* plötzlich da und erfolgreich. Aber wenn du eine große Firma bist, kannst du solche Spiele nicht einfach raushauen, jeder würde dich nur komisch anschauen. *Angry Birds* ist ja ein extrem einfaches, billiges Spiel, das trotzdem irgendeinen Nerv getroffen hat und deswegen groß wurde. Wenn dessen Macher nochmal ein Spiel machten, würde es sehr wahrscheinlich nicht so erfolgreich werden.

Wir verfolgen aber einen langfristigen Plan — wir wollen nicht nur sechs Monate lang total hip und angesagt sein — und dann musst du wirklich in die Themen Marktforschung, Markenbildung, Nutzereinkauf, Nutzerbetreuung investieren. Bei einem Spiel, das du für Millionen Euro entwickelt hast, kannst du nicht nach vier Wochen sagen: „Ach, die Umsätze stimmen nicht so richtig, wir machen es wieder zu." Aber ein Entwickler in Indien, ein Start-Up, die schmeißen eine Idee einfach wieder weg, wenn sie nicht funktioniert, und setzen eine neue um   und all das mit wenig Geld. Deshalb glaube ich schon, dass wir immer wieder einzelne Ausreißer sehen werden, die plötzlich hochschießen. Die Frage ist dann nur, was die Leute damit machen, ob sie daraus eine Company bauen, um das zu wiederholen, oder ob es einfach nur ein Spaß-Projekt war.

In anderen Branchen werden Stars doch gerne mal selbst produziert. Habt Ihr auch mal daran gedacht, Scouts rauszuschicken, die den 17-jährigen Koreaner finden, der in seinem Kinderzimmer ein Spiel baut, das man nie ernst genommen hätte, das aber die Welt erobern könnte? Kann man daraus eine Strategie machen?

Ein absolut richtiger Punkt. Es gibt auch diverse Unternehmen, die das probiert haben, auch *Bigpoint* hat das versucht. Es gibt ein oder zwei Beispiele, die damit einigermaßen gutes Geld in Deutschland verdient haben, aber es waren keine Super-Hits dabei. Das Problem ist: Du brauchst diesen Dieter Bohlen, diesen Typen, der das Gefühl dafür hat, was funktionieren wird. In Unternehmen mit hunderten von Mitarbeitern entscheidet aber nicht einer. Da ist ein CEO, das Controlling, das Game Design, ein Producer, das Marketing-Team. Da ist immer jemand dabei, der dieses eine

> Wir wollen nicht nur sechs Monate lang total hip sein.

Spiel schlecht findet. In einem Start-Up mit 50 bis 100 Leuten kann man das vielleicht noch hinkriegen, mit 1.000 Mitarbeitern funktioniert das nicht. Deswegen erkennen auch die großen Spiele-Publisher wie *Electronic Arts* die guten Studios erst, wenn sie einen erfolgreichen Titel haben.

Würdest Du Dir zutrauen, zu erkennen, ob ein Spiel genial ist oder nicht?

Nein, überhaupt nicht – aber ich kann dir sagen, wann ein Spiel nicht erfolgreich ist. Und das tue ich dann auch, anstatt zu versuchen, es zu retten und dabei Geld verbrenne. Ich bin gut darin, radikale Entscheidungen zu treffen. Wenn ich umgekehrt etwas gefunden habe, das funktioniert, kann ich genauso radikal alles andere vergessen. Ich glaube, das ist eine Sache, die ich von Olli Samwer gelernt habe. Dann ist es mir egal, welches andere Thema vielleicht größer sein soll, ich widme mich dem, was gerade vor mir liegt, und gebe Gas.

Du bist also nicht der Künstler, der analysieren kann, warum ein Spiel Leute anspricht und was es in ihrem Gehirn auslöst, sondern eher der zahlengetriebene Typ, der ein Spiel einfach killt, wenn die Kurve nicht in die richtige Richtung zeigt?

Ja, genau. Früher habe ich immer gesagt, innerhalb von 48 Stunden kann man sagen, ob ein Spiel stirbt oder überlebt. Mittlerweile kann man das nicht mehr innerhalb von 48 Stunden sagen, weil es zu viele andere Faktoren gibt, die auch eine Rolle spielen. Heute kann man es vielleicht nach zwei Monaten sagen, man muss dem Ganzen schon ein bisschen Zeit geben und sehen, was es für Möglichkeiten gibt.

Das heißt, ihr haltet euch auch an das Trial-and-Error *-Prinzip und baut viele Spiele, von denen einige nicht funktionieren, während immer wieder auch wahre Goldstücke auftauchen?*

So ist es, wir haben wohl viel mehr Schrott produziert als Gold, aber das ist völlig okay. Unsere Kultur war am Anfang unserer Firmenzeit auch deshalb so gut, weil die Mitarbeiter sich ausprobieren durften. Wenn du so etwas auf das eine große Ding hin aufbaust und das Ding scheitert, sind alle am Boden zerstört. Aber zu sagen, „geile Idee, wir probieren das, und wenn es nicht klappt, haben wir noch zehn andere Ideen", das fanden die Leute cool, das bedeutete, abwechslungsreich zu sein. Ich habe die meisten Leute überzeugen können, in mein

Unternehmen zu kommen, weil sie nicht mehr bei *Mobile.de* oder bei *Freenet* sitzen und schon wieder das Portal ändern oder das Logo um drei Pixel nach rechts verschieben wollten. Bei mir konnten sie jeden Tag etwas Neues machen, das fanden sie geil.

Ein weiterer Trend – und wohl ein Meilenstein für die Gaming-Branche, weil Werbung nicht funktionierte – war die Entdeckung, dass man diese magischen Zauberschwerter im Spiel verkaufen kann, das sogenannte *Item Selling*. Das gab es noch nicht, als ihr mit *Bigpoint* angefangen habt, oder?

> Bei mir konnten sie jeden Tag etwas Neues machen.

Nein, nein, wir waren die Ersten. Es gab weder in den USA noch in Europa jemanden, der das gemacht hat. Es gab zwei Firmen in Asien, die das probiert haben, ohne dass damals die Begriffe *Item Selling* oder *Free-to-play* bekannt waren. Man muss übrigens dazu sagen, dass es heute viele andere Möglichkeiten der Werbung gibt, man kann damit schon Geld verdienen – die Frage ist nur, zu welcher Skalierung. Ich glaube, ein kleines Start-Up, eine Fünf-Mann-Bude, kann sich mit Werbung finanzieren, wenn sie ein attraktives Spiel hat. Aber unser Durchbruch wäre uns damit nicht gelungen.

Wie genau ist es dazu gekommen?

Das hat mit einem sehr guten Freund angefangen, mit dem ich gerade wieder ein neues Spiel in einer anderen Firma von mir gemacht habe. Er hat in meiner ersten Firma gearbeitet und wir saßen 2002 kurz nach dem Verkauf zusammen, sprachen über Fußball und hatten die Idee, einen Fußball-Manager zu bauen, sodass wir gegeneinander antreten konnten. Jeder von uns glaubte, er wäre der geilere Spieler und wir wollten eigentlich nur gegeneinander spielen, also haben wir einen Fußball-Manager entwickelt und selbst programmiert. Später haben wir das ein paar anderen fußballbegeisterten Freunden geschickt und sie gefragt, ob sie nicht mitspielen wollten. Die fanden das cool und wir haben eine Webseite aufgesetzt, damit sich jeder registrieren konnte. Diese Leute haben das dann wieder anderen erzählt und der typische virale Effekt entstand, erst in ganz kleinem Maße, aber dann mit einem echten Schlag: Zwei, drei Monate später haben plötzlich 3.000 Leute darauf gespielt. Mein Server ist im Live-Modus ständig zusammengebrochen, weil es zu viele Leute waren, also mussten wir überlegen, was wir damit machten.

Du meinst, ob ihr das noch weiter ausbaut?

Naja, eine Option war, das wieder zuzumachen, die zweite, weitere Server aufzubauen – was bedeutete, dass wir das finanzieren mussten, es musste einen *Break-even* geben. Werbung fanden wir blöd, erstens, weil es die Leute störte, und zweitens, weil man einfach zu wenig Geld damit verdienen konnte. Also haben wir überlegt, wovon Fußballvereine in der echten Welt lebten: Von Zuschauer- und Werbeeinnahmen, aber vor allem durch Spieler-Einkäufe und -Verkäufe. Wir haben beschlossen, dass man bei uns im Shop Spieler für 50 Cent kaufen können sollte, aber nur die wirklich guten. Wenn jeder sich zwei, drei gute Spieler kaufte, einen guten Stürmer, Torwart, Mittelfeldspieler, reichte das, wir brauchten nur 300 Euro für die Server. Wir haben das also gebaut – und was ist passiert? Die haben sich nicht zwei oder drei gute Spieler gekauft, sondern elf, eine ganze Top-Mannschaft. Das hat zunächst einer gemacht, dann haben die anderen sofort verloren – und nachgezogen. Plötzlich hatten fast 80% der Leute elf Top-Spieler und wir mit einem Schlag ein paar tausend Euro Umsatz. Damit haben wir quasi das *Free-to-play* erfunden.

Dann haben wir das Spiel weiter aufgebohrt, ein bisschen Werbung gebucht und bei Kosten von maximal 4.000 Euro schnell 20.000 bis 30.000 Euro Umsatz gemacht, das war hochgradig profitabel. An dem Punkt haben wir mit einer 50/50-Aufteilung eine GmbH um unser Modell gebaut.

Aber Du hast *Bigpoint* 2003 dann alleine gegründet?

Ja, ich wollte das ganze Geld aus meinem Anteil reinves-tieren, noch ein Spiel und mehr Werbung einkaufen. Das wollte mein Freund aber nicht, weil er das Business so cool fand, dass er es nicht kaputtmachen wollte. Ich habe ihm meine 50% für einen Euro verkauft und die Erlaubnis erhalten, mit der Idee etwas zu machen – natürlich nicht in Konkurrenz. So bin ich 2003 alleiniger Gründer von *Bigpoint* geworden, so ist das *Free-to-play*-Business entstanden. In den Jahren 2005/06 haben dann alle anderen in der Branche dieses Modell übernommen. Das war mit die schönste Zeit für mich: Ich habe bei meinen Wettbewerbern, die sich mit Werbung finanziert haben, die ganzen Werbeplätze aufgekauft und ihre User herübergezogen. Bei uns haben diese User dann reales Geld bezahlt – das passiert einem nie mehr wieder.

Bei *SeaFight,* einem eurer großen Spiele, haben Schiffe mit Vollausstattung rund 700 Euro gekostet – gab es tatsächlich Leute, die das alles gekauft haben?

Ja – und das waren noch die einfachen Varianten. Heute kosten die ein paar tausend Euro. Man muss natürlich sagen, dass kaum jemand kommt und direkt 700 Euro auf den Tisch haut, die meisten Spieler geben jeden Monat zehn bis 20 Euro über zwei oder drei Jahre aus und kaufen das nach und nach. Es gibt natürlich auch die Verrückten, die für 200 bis 300 Euro etwas kaufen. Ich glaube, auf *eBay* kann man immer noch Accounts für unsere Spiele kaufen, insgesamt gibt es nach oben fast keine Limits mehr. Der größte Fall, den wir hatten, war ein Spieler, der bei uns für mehrere hunderttausend Euro virtuelle Güter gekauft hat – aber nicht für sich selbst: Er war Unternehmer, selbst ein großer *SeaFight*-Spieler und wollte seine Mitarbeiter, die auch spielten, perfekt ausstatten, um einen richtig guten Klan, eine eigene Gilde zu haben. Also hat er für mehrere hunderttausend Euro virtuelle Güter für dutzende Accounts seiner Mitarbeiter gekauft – für mich ist er noch immer der goldene User.

Welche Nachfrage, welches Kundendenken hat Dich in dieser Zeit am meisten überrascht?

> Leute bezahlen Geld dafür, nicht zu spielen –
> das ist das Schönste.

Das Schönste, was wir je erlebt haben, war, dass Leute dafür bezahlt haben, nicht zu spielen: Sie haben zum Beispiel einen Euro pro Tag bezahlt, wenn sie nicht spielten, wir nennen das „Urlaub buchen". Das hat den Hintergrund, dass es Strategie-Spiele gibt, in denen man angegriffen werden kann, wenn man nicht spielt – die Leute wollten ihren Account geschützt sehen, wenn sie nicht online waren, also haben wir diesen Schutzmodus angeboten.

Habt Ihr eigentlich auch ein paar von euren Spielern persönlich kennengelernt. Kann man dann besser nachvollziehen, wie die so ticken?

Ja, das ist ganz am Anfang extrem wichtig, das sehe ich auch wieder bei meiner neuen Firma, in der wir Ähnliches machen. Am Anfang haben wir bei *Bigpoint* Community-Events gemacht, zu denen ich persönlich gegangen bin, Ansprachen gehalten und den Leuten gezeigt habe, welche neuen *Features* wir bauen. Einige der ersten Nutzer waren frühe Mitarbeiter von *Bigpoint,* ich halte sehr viel davon, mit den Menschen zu sprechen, und habe die ersten Jahre auch selbst Support und Forenarbeit gemacht. Wenn du die Basis nicht verstehst, nicht weißt, wie ein Nutzer tickt, kannst du es später auf einer großen Ebene nicht skalieren.

Diesen Kontakt zu den Spielern haben wir dann aber ein wenig verloren. Wir haben es zwar wie *McDonald's* versucht, wo die Manager an die Kasse müssen – aber unsere Support-Antworten als Manager waren zu mies, weil wir die Produkte nicht mehr in der Tiefe kannten. Das hat also leider nicht funktioniert. In der neuen Firma versuchen wir wieder, die Nutzer selbst kennenzulernen. Wir machen bislang noch ganz wenig Umsatz und feiern jeden Zahlvorgang richtig ab: Sobald im *Payment* etwas passiert, ruft jemand, „hey, da will einer bezahlen" und es wird immer dazu gesagt, wer: „Heute hat Karl-Heinz, 40 Jahre alt, bezahlt." So haben wir sofort ein Verständnis dafür, wer unsere Nutzer sind, und wir kapieren, für wen wir eigentlich unsere Produkte machen.

Wie hat denn das Payment bei den ersten Fußball-Spielern funktioniert? Das war ja damals nicht trivial – und ist es selbst heute noch nicht …

Wir haben schon zuvor in meiner anderen Firma mit dem *Dialer*-Modell auch Kreditkarte und Lastschrift genutzt, damals hatten wir schon große Kunden wie *Aral* und *Dr. Oetker*, das funktionierte gut. Wir haben immer ganz klassisch Lastschrift, Kreditkarte, SMS und Telefon – also diese 0190- und 0900-Nummern – angeboten, sodass Leute darüber bezahlen konnten.

Hat Dein Vorwissen im Bereich Payment die entscheidende Weiche für Bigpoint gestellt? Oder wie kam es, dass genau Du Bigpoint aufgebaut hast und nicht tausend andere, die Experimentierfreude hatten, programmieren konnten, aber in andere Richtungen gedacht haben?

Das *Payment* war nicht so entscheidend. Viel wichtiger ist meiner Meinung nach dieser Wille zum unbedingten Sieg, und das meine ich jetzt nicht so martialisch im Samwer-Stil, wie es klingt. Es geht vielmehr um die Tatsache – und das merke ich jetzt wieder, da ich Zeit habe –, dass ich wirklich alles dafür getan habe. Für mich war es normal, um 21 oder 22 Uhr nach Hause zu kommen und am Wochenende Brainstorming zu betreiben: „Was kann man besser machen? Was kann man anders machen?" Ich habe jeden dieser Tage Vollgas gegeben, Urlaub habe ich zum ersten Mal gemacht, als wir verkauft haben. Von 2002 bis 2008 habe ich durchgearbeitet – aber auch nichts vermisst, es war für mich total toll, zur Arbeit zu gehen.

Als ich angefangen habe, als *Business Angel* tätig zu werden, habe ich genau das gesucht, das ist eine Sache, die ich mir bei Teams extrem stark anschaue: Wenn ich sehe, dass sie ein Privatleben haben, investiere ich nicht. Man kann ein Privatleben haben und trotzdem erfolgreich sein, aber es gibt Leute, die wirklich sagen: „Meine Idee, mein Start-Up ist mein Leben, dafür lebe ich, dafür brenne ich". Wenn Leute mich in Presse-Interviews nach meinen Hobbys gefragt haben, wusste ich gar nicht, was sie von mir wollten: „Was soll ich denn mit Hobbys? Ich habe keine Zeit für Hobbys." Ich kam mir dann zwar immer wie ein *Nerd* vor, aber ich glaube, das macht den Unterschied aus, dass ich mich so mit der Firma identifiziert habe, wirklich alles genau kannte und dadurch natürlich schnell Entscheidungen treffen konnte. Deswegen sind Leute vom Typ *McKinsey* in meinen Augen nicht so erfolgreich, weil sie vorher schon ein gewisses Leben hatten und das nicht aufgeben wollen. Ich kannte gar kein anderes Leben, ich habe mich mit 18 Jahren selbstständig gemacht und zum Beispiel viel später erst gelernt, was GZSZ ist.

> Du bist also der klassische Typ für den Spruch „such' Dir einen Job, der Dir Spaß macht, dann musst Du nie wieder arbeiten"?

Genau, wobei ich manchmal natürlich auch fix und fertig heimkam. Wenn es mal nicht so gut lief, ging es mir auch schlecht, es gab also nicht nur die totale Freude. 2006 zum Beispiel standen wir eigentlich vor der Insolvenz. Das war Ende Dezember, ich habe meinen Mitarbeitern das Gehalt für Dezember früher ausgezahlt, damit sie ein bisschen mehr Geld für Weihnachten haben. Einen Tag nach unserer Weihnachtsfeier hatte ich meine Finanzierungsrunde – hätte dieser Termin nicht stattgefunden, wären wir pleite gewesen, wir hatten zu diesem Zeitpunkt vielleicht noch 10.000 Euro auf dem Konto. Keiner der Mitarbeiter wusste davon, mir aber war klar: Wenn der Termin nicht stattfindet, muss ich im Januar, wenn sie wiederkommen, die Kündigungen auf den Tisch legen, weil die Firma insolvent ist. Aus dieser Situation ist aber nachher unser Unternehmen geworden, denn wir waren nur deshalb knapp vor der Insolvenz, weil wir zu viel Gas gegeben haben – nicht weil die Firma oder die Produkte schlecht waren. Wir haben tolle Umsätze gemacht, aber sehr viel Geld rausgeblasen, um das Unternehmen groß zu machen. Deswegen brauchte ich diese Finanzierungsrunde so dringend.

> Dann seid ihr in dieser Zeit auch recht riskant und sehr aggressiv gewachsen?

Exakt. Das war 2006, als Oliver Samwer und *United Internet* investiert haben. Ich habe mich damals total auf die Ansage von Samwer verlassen: „Gib Gas, Geld hole ich Dir schon, das interessiert nicht." Dieser Aussage bin ich blind gefolgt und habe das gesamte Geld, das reinkam, gleich wieder mit vollen Händen ausgegeben – aber nicht für Quatsch oder die typischen Fehler wie schicke Büroräume, es ging alles ins Marketing, in mehr Mitarbeiter, mehr Produkte.

> Marketing entscheidet sicher mit über Erfolg oder Misserfolg eines Spiels. Aber ist es nicht ab und zu auch sinnvoll, Geld für „Quatsch" auszugeben, z.B. neue Kanäle auszuprobieren, um neue Spiele zu entdecken und den Mitbewerbern voraus zu sein?

Das fällt für mich gar nicht unter Quatsch. Ich meinte eher T-Shirts mit

> Heute ist es noch signifikanter, Geld für experimentelle Dinge auszugeben.

Firmenlogo für alle, *fancy* Büros etc. – und das ist nicht abfällig gemeint, wir haben das alles später ja auch gemacht, als es uns gut ging. Das macht zwar alles ein bisschen schöner, aber ich glaube, dass die Leute sich nicht darüber identifizieren, sondern über das, was sie machen und ob sie sich verwirklichen können. Quatsch im Marketing und zum Testen neuer Ideen haben wir permanent gemacht. Wir haben mit als Erste TV ausprobiert und die Werbeinseln auf *MTV* mit unseren Spielen zugeballert – nicht ganz so schlimm wie *Jamba*, aber doch recht ordentlich. Wir haben jeden Marketingkanal, den man ausprobieren konnte, mitgenommen, Radio, Print, Gutscheine – wir haben sogar Postkarten an unsere Nutzer geschickt, Flyer an Autos verteilt und so weiter. Wir wollten einfach alles ausprobieren und sehen, ob es funktioniert.

Das machen wir übrigens heute noch, jetzt ist es noch signifikanter, Geld für experimentelle Sachen auszugeben. Leider fällt manche Entscheidung bei neuen Kanälen zu drastisch aus, denn vielleicht habe ich sie nur falsch bespielt, die falsche Ansprache gewählt etc. Es ist ein bisschen schade, dass wir wahrscheinlich das eine oder andere sich nicht haben entwickeln lassen.

> Du hast vorhin schon erwähnt, dass Du das Thema *Business Angel* ausprobiert hast. Wann fing das an und was stand dahinter, Business, Nachwuchsförderung oder beides?

Nachwuchsförderung natürlich, ich bin ein Gutmensch. Meine ersten Investments habe ich schon relativ früh gemacht, circa 2004, wobei ich das nicht als *Business-Angel*-Tätigkeit bezeichnen würde. Damals habe ich mich mit kleinen Summen engagiert, wenn ich die Leute auch persönlich gut fand oder mit ihnen befreundet war. Richtig aktiv bin ich erst 2008 geworden, nachdem ich das erste Mal *Bigpoint* verkauft habe. Zu der Zeit habe ich deutlich mehr gemacht, aber schlecht, weil nicht selektiv: Wenn ich eine

Idee geil fand, reichte ein Meeting, ein Handschlag, fertig. Damals habe ich mir das Ganze nicht so genau angeguckt und auch nicht richtig darüber nachgedacht, das war nicht klug. Nach zwei, drei Jahren bin ich nochmal richtig stark eingestiegen, habe zehn Millionen Euro in die Hand genommen und diese vollständig in Unternehmen investiert, ohne großartig etwas für mögliche Nachfinanzierungen auf die Seite zu legen.

> Ich bin immer wieder fasziniert, wie die investieren.

Das war ausschließlich Dein persönliches Geld, kein Fonds?

Das war zu 100% mein eigenes, privates Geld. Mein Banker hat mich immer für bescheuert gehalten, wenn ich wieder eine Überweisung gemacht habe, aber das war für mich der Betrag, den ich investieren wollte. Das habe ich auf verschiedenen Ebenen gemacht. Es gab Sachen, die ich entschieden habe, andere habe ich an *Digital Pioneers*, meine Beteiligungsgesellschaft, gegeben. Aktuell habe ich eine Mitarbeiterin, die sich um alles kümmert, so dass ich nicht in Calls rein und Verträge lesen muss. Wenn ich heute in meine Excel-Tabelle schaue und die aktuelle Bewertung mit dem vergleiche, was ich investiert habe, dann ist das ein guter Schnitt.

Wie schaust Du als *Business Angel* heute auf den Markt?

Ich mache fast keine *Angel*-Investments mehr, daran sieht man, dass ich es nicht aus Gründen der Nachwuchsförderung, sondern wirklich aus rein kapitalistischen Gründen gemacht habe. Ich wollte einfach sehen, ob das eine vernünftige Anlageform ist — und das ist sie heute nicht, weil zu viele Leute nicht sinnvoll mit diesem Geld umgehen. Ich sehe ähnliche Strukturen, wie ich sie um 2000 herum gesehen habe. Manche Leute ballern innerhalb von drei, vier Monaten eine Million weg, in einer frisch gegründeten Firma, obwohl sie mit dem Geld bis Ende des Jahres auskommen sollten. Deswegen mache ich das nur noch ganz selektiv. Ich habe dieses Jahr drei Investments gemacht und circa 300.000 Euro ausgegeben. Das ist also ein total normales Level — nicht wie früher, als ich jeden Monat zwei Investments gemacht habe.

Hast Du manchmal das Gefühl, dass andere besser darin sind auszuwählen, wen man jetzt gerade finanziert?

Wenige. Ich habe in der ganzen Zeit nur zwei oder drei wirklich gute Leute kennengelernt. Zwei davon machen das über Fonds-Strukturen und bei ihnen würde ich investieren, wenn sie den nächsten Fonds aufmachen. Die sind völlig unterschiedlich, einer in Deutschland, einer im Ausland, und ich bin immer wieder fasziniert, wie sie vorgehen, sie arbeiten ganz anders mit den Unternehmen, in die sie investieren. Das habe ich gelernt, denn ich bin ein ganz schlechter *Angel* in Bezug darauf, wie aktiv ich unterstütze. Wenn du mich anrufst und etwas brauchst, bei dem ich dir helfen kann, tue ich das – aber ich denke dabei an dich, nicht an das Unternehmen. Ich komme nicht von alleine auf dich zu und sage: „Guck' mal, hier habe ich was, was denkst Du darüber?" Die beiden hingegen, die ich eben erwähnt habe, machen das genau so, sie gehen auf die Leute zu und sagen: „Hast Du das gesehen? Hast Du das gehört? Ich habe gestern den getroffen." Da ich nicht gerne auf Veranstaltungen bin und mit tausend Leuten spreche, bin ich dabei nicht hilfreich. Ich bin wirklich einfach dummes Geld – wenn dummes Geld reicht, weil die Leute so gut sind, bin ich gerne dabei. Aber ich kann nicht in jemanden investieren, der Unterstützung braucht, auch wenn er vielleicht gut ist – das bin dann nicht ich.

Dann bist Du also gut, aber eher passiv, während die beiden anderen Investoren eine aktive Strategie fahren. Aber ist das denn immer gefragt?

Das sollte es sein, denn das sind wirklich gute *Angels*, aber leider laufen die meisten Start-Ups los und wollen eigentlich nur dummes Geld, weil sie glauben zu wissen, was sie mit dem Geld machen müssen – Beratung ist gar nicht so gefragt. Deswegen investiere ich lieber bei den beiden, weil sie in Start-Ups, die beratungsresistent sind und meinen, sie haben die Weisheit mit Löffeln gefressen, nicht investieren. Das sind alles Learnings, die ich gemacht habe. Zum Glück habe ich kein Geld verloren, sondern gehe wahrscheinlich mit einem relativ guten Profit aus meinen ganzen *Angel-*Investments raus. Ich werde das also sicherlich für den Rest meines Lebens immer wieder machen, aber ich verspüre nicht den Druck, etwas unbedingt machen zu müssen.

Um noch einmal das Thema Nachwuchsförderung aufzunehmen: Findest Du es denn grundsätzlich sinnvoll, dass junge Leute noch Unternehmen gründen oder hast Du den Eindruck, es gibt schon zu viele?

Nein, überhaupt nicht, das sollte deutlich öfter passieren. Ich habe ja immer Angst und frage mich, warum meine Leute bei mir arbeiten, sie könnten doch ihr eigenes Ding machen. Ich finde es auch gut, wenn Start-Ups von der freien Wirtschaft gefördert werden. Ich halte allerdings überhaupt nichts vom *High-Tech Gründerfonds (HTGF)* und solchen Sachen. Fast alle meine Investments, in denen auch dieser *HTGF* gesteckt hat, waren Mist. Ich halte nichts davon, dass der Staat in Start-Ups investiert, das ist eine Katastrophe. Es gibt allerdings so eine europäische Geschichte, bei der man X Prozent von seinem Investment von der EU zurückbekommt. Das machen wir jetzt zum ersten Mal und so etwas finde ich gut – wie auch die Idee, Steuermodelle dahinter zu setzen.

Ich selbst mache gerne noch Mentoring: Wenn ich wirklich erkennen kann, was die Leute brauchen, unterstütze ich sie sehr gerne und gut. Einem habe ich vor Kurzem noch gesagt „mach Deinen Laden zu." – und er ist seitdem total glücklich, für ihn war das die beste Empfehlung überhaupt. Er hat jetzt einen geilen Job, verdient gutes Geld und hat gerade ein Kind bekommen. Einem anderen helfe ich aktuell, Geld einzusammeln und sein Wissen zu skalieren. Er hat immer zu klein gedacht, kannte zwar *Venture Capital*, aber dass eine *Debt-Fund*-Finanzierung auch in Frage kommt, was eine *Mezzanine*-Finanzierung ist, das wusste er gar nicht. Solche fachlichen Themen mache ich gerne, ich bin also nicht wirklich nur dummes Geld – aber ich glaube, meine Zeit ist einfach auch zu begrenzt.

Du hast selbst einige Unternehmen in Deutschland gegründet, obwohl Du auch eine Zeit lang in den USA gelebt hast. Glaubst Du an den Standort Deutschland?

> Eine Zeit lang habe ich gesagt:
> „Ich gründe nicht mehr in Deutschland."

Ja. Eine Zeit lang habe ich gesagt: „Ich gründe garantiert nicht mehr in Deutschland." *Bigpoint* hat einen Betriebsrat – und als der einmal so richtig losgelegt hat, wollte ich hier weg. Jetzt habe ich wieder in Deutschland gegründet, denn ich finde, Deutschland ist ein geiler Markt in Europa. Die deutsche Mentalität gefällt mir extrem gut, die Exekution von Deutschen, wie zielorientiert sie arbeiten, wie zielstrebig sie sind, das merkt man schon. In den USA findest du supergute Verkäufer, ich würde mir gerne mal einen Amerikaner als Co-Gründer in meinen Laden holen, so einen herrlich extrovertierten Typ, der verkauft, während ich mich darum kümmere, wie der Laden funktioniert, auf diese Kombination hätte ich Lust. Man würde natürlich in Deutschland gründen, mit dem Headquarter in London, damit die Amerikaner sich wohl fühlen, weil ihre Sprache gesprochen wird.

Du selbst würdest aber trotzdem gerne in Hamburg sitzen?

Ich glaube, ja. Ich würde nirgendwo anders leben wollen als in Hamburg, vielleicht noch in München, aber ich würde auch nicht in die Schweiz gehen. Ich habe hier in diesem Land Geld verdient, fühle mich hier total sicher und finde, wir machen gute Sachen. Ich zahle meine Steuern hier, lebe hier und werde auch meine weiteren Sachen in Deutschland machen.

Klingt gut. Wo geht es mit Deiner neuen Gaming-Company *Whow* hin? Was war der Hintergrund dafür und wo werdet ihr in drei Jahren stehen?

Die interessante Frage ist vielmehr, wo ich mit *Whow* in drei Monaten stehen werde, denn was wir dort machen, ist sehr experimentell: Kasino-Spiele. Kasino ist in Deutschland bisher sehr verrufen. Männer würden eher erzählen, dass sie am Wochenende in einem Bordell waren, als zu sagen, sie waren in der Spielhalle, so schlecht ist das Image der Spielhallen – und das färbt auf das Thema Kasino ab. Was sehr schade ist, denn wenn du nach Las Vegas fliegst, erzählst du es jedem. Und genau das ist es, worum wir uns kümmern. Wir stehen noch ganz am Anfang, wenn man sich unser Produkt anschaut, sind wir noch bei 0,1% von dem, was wir erreichen wollen. Aber das Ziel ist es, das Las-Vegas-Feeling in die digitale Welt zu bringen. Las Vegas ist nicht nur *Gambling*, sondern gute Restaurants, geile Partys, coole Clubs, DJs, Prominenz, Architektur – alles ist ein Erlebnis, es ist schlicht toll gemachtes Entertainment von morgens bis abends. Genau das wollen wir in Deutschland auch erreichen, und zwar zu 100% legal. Das erreichen wir ohne Lizenz, indem wir es mit *Charity* verbinden, z.B. über Prominente. Wir haben uns mit *Jackpot.de* eine sehr gute Domain besorgt, unter der man Glücksspiele spielen kann: *Slot-Machines*, Roulette, Poker, Black Jack etc. Du kannst in einem sogenannten „Turnier-Modus" spielen und abgefahrene Preise gewinnen: Aktuell haben wir z.B. den *HVS*-Spieler Marcel Jansen, mit dem man in einer *Google-Hangout*-Session Poker spielen kann, dafür haben wir eine eigene Poker-Software entwickelt. Nächste Woche geht ein Nationalmannschaftstrikot live, das von allen Spielern unterschrieben ist. Einen Großteil der Einnahmen spenden wir, um dieses ganze Thema ein bisschen schöner zu machen.

Wie genau soll das funktionieren?

Unser Ziel ist es, eine der saubersten, angenehmsten und angesehensten Marken für Kasino in Deutschland zu schaffen. Um dieses Ziel herum bauen wir das ganze Entertainment-Thema auf. Möchte jemand beispielsweise eine Runde Black Jack spielen, so spielt er es bei uns, während David Guetta nebenbei auflegt. Die Grundidee ist das richtige Ambiente, ein ganz anderes Feeling. Das *Gambling*-Business ist in Deutschland viel größer als Musik, Film, Bücher und Video-Games zusammen, der Markt umfasst mehr als 30 Milliarden Euro, circa 20 Milliarden davon fallen an *Slot-Machines* ab. Was wir hier machen, ist experimentell, weil wir den Leuten sagen, „Du kannst hier Glückspiel machen, aber Du kannst kein Geld gewinnen" – da fassen sich erst einmal viele an den Kopf. Wir testen auch die nächsten Monate noch ein paar Themen, schauen, wie man sie sauber gestalten und *Charity* einbinden kann. Wenn wir darunter etwas finden, das wirklich funktioniert, skalieren wir es auch gleich richtig – und wenn das

Konzept nicht funktioniert, mache ich den Laden wieder zu. Dann hat man es aber probiert. Und wir haben wirklich eine Top-Truppe, viele kennt man, auch international, und alle haben uns auch ein bisschen Geld mitgegeben – kleine Summen, aber es ging nicht darum, zehn Millionen Euro zu bekommen, sondern nur, diese Leute mit dabei zu haben. Wir haben privat einen kleinen Millionen-Betrag zusammengepackt. Ich denke, mit solchen Leuten kann man wirklich etwas bewegen und aufbauen.

Aber ich kann nicht sagen, ob wir in drei Jahren noch existieren. Wenn wir es tun, sind wir supergroß und supererfolgreich. Zunächst hoffe ich, dass wir die nächsten drei bis sechs Monate überleben, denn da entscheidet sich, ob das Modell funktioniert. Wir haben heute eine einfache und schnelle Version des Produkts *gelauncht*, um verschiedene Modelle schnell testen zu können – das sieht alles noch nicht top aus. Wenn wir aber sehen, dass eines der Geschäftsmodelle funktioniert, dann machen wir alles richtig schön und schauen, was das gibt.

Letztlich geht es um die Frage, ob jemand ein paar Euros dafür bezahlt, dass er an einem Gambling-Spiel mitmachen kann, bei dem er ein Nationalmannschaftstrikot gewinnen kann. Wie groß ist die Wahrscheinlichkeit, dass das funktioniert?

Es geht um Sachen und Ideen, die man nicht einfach kaufen kann, ja, z.B. bei einem St.-Pauli-Spiel in der Halbzeitpause mit in die Kabine zu gehen, mitzubekommen, wie das Team motiviert wird. Ich selbst habe eine gewisse Summe darauf gewettet, entsprechend glaube ich daran. Ob dieses eine spezifische Modell funktionieren wird, weiß ich nicht. Aber es gibt eine Firma namens *Big Fish Games*, die haben ein „Social Casino" aufgezogen: Dort kannst du auch kein Geld gewinnen, du kannst zwei Euro auf Rot setzen und entweder zwei Euro gewinnen oder zwei Euro verlieren – aber das Geld wird nicht ausgeschüttet, an keinem Punkt. Dieses Unternehmen ist gerade mit 800 Millionen Dollar von einem Pferdewetten-Anbieter in den USA gekauft worden. Ein anderes Unternehmen bietet nur *Mobile-Slot-Machines*, bei denen man nichts gewinnen kann – das ist für eine halbe Milliarde gekauft worden. Das sind alles Unternehmen mit mehreren Millionen Euro Umsatz. Das ist ein Markt, der logisch-rational denkenden Menschen vielleicht nicht sofort klar ist. Das Ganze ist sehr emotional, wird durch nicht-rationale Konzepte erfolgreich getriggert, und ist für mich sehr spannend.

> Es geht um Sachen und Ideen, die man nicht einfach kaufen kann.

Vielen Dank für das Gespräch und weiterhin viel Erfolg!

Jetzt bestellen bei oder kostenlos probelesen auf Online-Mittelstand.de

Lohnt es sich heute noch, eine Internet-Firma zu gründen? Viele der hier interviewten Unternehmerinnen und Unternehmer haben diese Frage eher negativ beantwortet und darauf hingewiesen, wie stark schon alle relevanten Märkte besetzt sind und wie groß die Konkurrenz geworden ist.

Ich halte das für Unsinn.

Entweder handelt es sich um das Symptom eines verfrüht einsetzenden Altersstarrsinns oder eine Variante der „alles Wichtige ist bereits erfunden worden"-Aussage.

Mit Sicherheit wird es in zehn Jahren mehr als genug ähnliche Menschen geben, die erzählen, dass 2015 der perfekte Zeitpunkt war, um ihr Geschäft zu starten. Natürlich ist es nicht sinnvoll, heute die Unternehmen noch einmal zu bauen, die vor zehn Jahren gegründet wurden, deren Nischen sind tatsächlich besetzt. Aber es wird immer genug neue Themen geben – nicht zuletzt sind neue Technologien, Smartphones und *Connected TVs* ziemlich offensichtliche neue Märkte für die nächsten Jahre. Viele weitere, wahrscheinlich sogar die attraktivsten, sind uns heute weder bewusst noch bekannt, warten aber darauf, entdeckt und besetzt zu werden.

Also, worauf wartest Du?

Über Feedback zu diesem Buch freuen wir uns auf folgenden Wegen:

info@online-mittelstand.de

Facebook.com/OnlineMittelstand

Twitter.com/OMittelstand

Besonderer Dank gilt …

Neben selbstverständlich allen Interviewpartnern gilt für Ihre Mitwirkung an diesem Buch ein besonderer Dank den folgenden Personen:

Lektorat: Dr. Carolina Pasamonik, Agnieszka Kaczmarek, Melanie Schehl

Design und Layout: Christian Mehlaus

Alles andere: Miriam Bundel

Thomas Promny

Autor und Internet-Unternehmer

Jahrgang: 1981

Thomas Promny, Jahrgang 1981, ist selbst ein deutscher Internet-Unternehmer aus Hamburg. 1999 begann er noch während des Abiturs, seine erste Internet-Firma zu gründen. Seitdem war er am Aufbau von etwa 20 Unternehmen in der Online-Branche beteiligt, insbesondere in den Bereichen Online-Marketing und E-Commerce.

Parallel ist er seit längerem als Autor aktiv und hat bereits drei Bücher zu Online-Marketing-Themen geschrieben. Seit 2011 veranstaltet er mit *d3con* die größte deutsche Konferenz zum Thema Real-Time-Advertising.

Als weiteres Event-Geschäft betreibt er seit 2013 mit dem *Online-Karrieretag* auch die erste deutsche Karrieremesse für die Online-Wirtschaft, auf der sich führende Unternehmen und Absolventen der Branche treffen.

SNEAK PREVIEW

Der folgende Auszug bietet mit zwei weiteren Interviews eine Vorschau auf das vollständige Buch „Online-Mittelstand in Deutschland".

Bestellen Sie jetzt Ihr Exemplar auf www.online-mittelstand.de

DR. FRIEDRICH SCHWANDT

Die Cashflow-finanzierte Welteroberung

JAN SCHLÜTER

Youtube-Stars sind die Popstars von morgen. Mediakraft vermarktet sie.

DR. FRIEDRICH SCHWANDT

Gründer der Statista GmbH

Als ehemaliger Berater sieht Dr. Friedrich Schwandt nicht unbedingt wie der typische Internet-Unternehmer aus. Dennoch hat er bereits den Wert von Daten erkannt, lange bevor „Big Data" oder „Daten sind das neue Öl" so große Schlagworte geworden sind. Aktuell ist er dabei, mit seiner genialen Idee *Statista* die Welt zu erobern.

Statista aggregiert wirtschaftlich relevante Daten zu so unterschiedlichen Themen wie dem deutschen Erdbeermarkt oder der Verbreitung von Smartphones in Afrika. Die Daten werden ansprechend und benutzerfreundlich aufbereitet und im Abo an mittlerweile tausende Kunden – darunter auch viele Beratungsunternehmen – verkauft.

Dr. Friedrich Schwandt

Jahrgang: 1967

Firma: *Statista GmbH*

Standort: Hamburg

Friedrich, wann und wie entstand bei Dir die Idee, Online-Unternehmer zu werden?

Um die Jahrtausendwende herum wollte und musste ich etwas verändern, aber da ich damals noch relativ risikoavers war, bin ich zunächst als Berater zu *Boston Consulting (BCG)* gegangen. Dort war ich viele Jahre lang beratend tätig, insbesondere im Medienumfeld von *Axel Springer, ProSieben* etc. Und hier drehte sich schon sehr früh alles um das gleiche Thema: „Oh Wunder, das Internet kommt! Wie können wir neue Geschäftsmodelle entwickeln?" Am Anfang stand der Aspekt Bedrohung gar nicht im Fokus, sondern vielmehr die Frage, was wir jetzt mit dieser riesigen Chance „Internet" anfangen. Dabei sind ein paar feine Sachen wie *Musicload* von *T-Online, Bild Mobil* und *Tchibo Mobil Netz* herausgekommen. Außerdem haben wir ein starkes Netzwerk aufgebaut – und vor allem an der Idee gearbeitet, wie man mit dem Internet Geld verdienen kann.

Wann hat sich die Idee dazugesellt, dieses Geld nicht mehr über ein Angestelltenverhältnis zu verdienen?

Nachdem ich acht Jahre lang bei *BCG* war, kam die Idee auf, sich selbstständig zu machen. Da gleichzeitig der Mut für völlig Neues noch nicht groß genug war, eröffneten wir zunächst eine eigene Beratung, die sich auf neue Geschäftsmodelle im Medienbereich fokussierte.

> Drei Jahre und fünfzehn Mitarbeiter später war uns klar, dass wir hier auch unser eigenes Geld verdienen können.

2007, also drei Jahre und mehr als fünfzehn Mitarbeiter später, war klar, dass wir hier durchaus auch unser eigenes Geld verdienen können. Also haben wir entschieden, uns mit einem skalierbaren Modell selbstständig zu machen.

Ihr wolltet ein eigenes Produkt entwickeln?

Ja. Schon damals war klar, dass wir etwas tun wollten, bei dem wir nicht nur das Internet, sondern auch den gesamten Markt, mit dem wir es zu tun haben, verstehen. Das war sehr naheliegend: Berater stehen immer wieder vor der Situation, eine Hypothese belegen, den Markt verstehen zu wollen – und das möglichst schnell und einfach. Aber es gab dafür bislang keine Anlaufstelle im Internet. Bei *BCG* wie auch bei den eigenen Beratungen hatten wir sehr viele Datenbanken, die aber nicht so aufgebaut waren, wie wir es heute von

Dr. Friedrich Schwandt

Google kennen: Man konnte nicht alles sofort finden, was man suchte, noch dazu aufbereitet, direkt nutzbar. Wir wussten gar nicht, was da überall drin stand, die Datenbanken waren alle unterschiedlich strukturiert.

Und das habt ihr als Ausgangspunkt für eure Arbeit aufgegriffen?

Genau, das brachte uns relativ früh auf die Idee, als zentrale Anlaufstelle zu fungieren. So haben wir *Statista* entwickelt, ein Portal, in dem man alle relevanten Statistiken zu einem Markt und die Treiber dahinter in einem Land – zunächst natürlich Deutschland – findet.

Erzähl doch an der Stelle noch etwas zu dem Gründerteam, wer war das genau?

Wir waren zwei Gründer, Tim Kröger und ich. Wir haben zusammen die Idee entwickelt und waren das treibende Management. Um uns herum gibt es noch das erweiterte Gründerteam Hubert Jacob und Thilo Loewe. Mit allen sind wir sehr eng befreundet, sie haben unsere Gründung finanziell und/oder technologisch gefördert.

Und wie genau funktioniert euer Angebot bei Statista*? Was bedeutet hier „Markt"?*

Mit Märkten meine ich z.B. alles zu Erdbeeren, Beerdigungsunternehmen, iPads in Deutschland und so weiter. Wir kauften von sehr, sehr vielen Quellen – wie *Allensbach, Forrester, IDC* etc., gegenwärtig sind es 18.000 solcher Quellen – große Datenmengen auf und stellten sie in die Datenbank ein. Das Besondere ist, dass jede einzelne Statistik als eigene Einheit gilt. Und so aufbereitet ist, dass man sie sehr leicht über eine Suchmaschine findet.

Wie steht es um Angebot und Nachfrage? Zuerst das Angebot: Ihr musstet Partner finden, die Daten zu einem Thema haben, die ihr dann aufbereiten konntet?

Genau. Zunächst hat man immer eine Vorlaufzeit von zwei bis drei Jahren, bis die Datenbank wirklich steht. Das heißt, du gehst auf alle Partner zu, um an die Daten zu kommen, suchst im Internet, was man verwenden kann, was rechtlich erlaubt ist. Wenn du das aufgebaut hast, versuchst du, eine *Traffic-*Basis zu etablieren. Darüber funktioniert erst die ganze *Leadgenerierung*. Die entsprechenden Leute müssen dich finden, sich anmelden. Dann fängst du an zu verkaufen.

Ihr habt also über kostenlose Häppchen zum Anfüttern Kontakte zu potenziellen Kunden generiert?

Richtig, ein typisches *Freemium*-Modell. Das Besondere ist, dass Kunden nicht nur bei uns, sondern auch bei *Google* die ganze Datenbank sehen, d.h. welche Statistiken wir haben, ob zum Erdbeer- oder zum Automarkt. Welche Daten das sind und woher sie kommen, war aber zu Beginn nicht erkennbar.

Wieso diese Geheimhaltung?

Früher gab es die *Google*-Welt und Datenbanken in der Form noch nicht. Damals war man nicht so offen, sondern hat sich geschützt und geschlossen gehalten – es könnte ja irgendjemand abschreiben, kopieren.

> Wir haben uns zunächst für die falsche Antwort entschieden.

Jetzt haben wir Teile angefüttert und geöffnet, damit potentielle Kunden sie frei nutzen, sich zunächst ein bisschen wohlfühlen können. Und wenn sie dann sagen „Okay, das passt, das hilft mir", findet typischerweise der Abschluss statt.

Wie habt ihr euer Produkt strukturiert, was kauft man konkret?

Das war die nächste große Frage, die wir zu Beginn hatten: Machen wir Preise pro Statistik oder bieten wir eine Flatrate an? Wir haben uns zunächst für die falsche Antwort entschieden. *iTunes* erhob auch immer Preise pro Song, also machten wir das Gleiche – das hat aber nicht funktioniert. Kunden haben bei jeder einzelnen Statistik, auch wenn diese nur 1,50 Euro kostete, überlegt: „Brauche ich die jetzt wirklich?" Zudem ist so ein Einkaufsprozess für ein Unternehmen tödlich: Jedes Mal wurde eine neue Rechnung ausgelöst, die genehmigt werden musste. Innerhalb von sechs Monaten haben wir erkannt, dass es die Flatrate ist, die gekauft wird.

Ihr habt also zu Beginn die falsche Wahl getroffen – aber auch eine große Erkenntnis gewonnen?

Das ist schön gesagt. Wir haben zunächst versucht, vorweg festzulegen, was richtige oder falsche Entscheidungen sind. Jetzt sind wir schlauer und sagen direkt: „Eigentlich wissen wir nicht, ob es funktionieren wird". Jetzt

Dr. Friedrich Schwandt

probieren wir eine Sache, eine Richtung, gehen mit einem Prototyp in eine Situation rein. Wenn alles positiv reagiert, wird die Idee optimiert, wenn nicht, ziehen wir sie wieder zurück.

Ihr verfolgt also eine Trial-and-Error-Kultur?

Genau. Berechnen, detailliert planen, abstrakt herleiten, das funktioniert gerade bei neuen Produkten nicht. Je innovativer, desto weniger kannst du deduktiv vorgehen. Man muss solche Dinge einfach anpacken und ausprobieren.

> Man muss solche Dinge einfach anpacken und ausprobieren.

Das ist einer der Aspekte, die beim Online-Business eben anders funktionieren und anders möglich sind als beim restlichen Mittelstand, oder? Ein Autozuliefe-rer sagt nicht so einfach, ich brauche einen neuen Motor, ich versuche mal was …

Keine Chance, ganz genau. Wir aber können mal eine kleine Website für 10.000 Euro basteln und schauen, ob das jemanden interessiert. Solche Experimente sind exakt das, was das Online-Business vom Offline-Geschäft unterscheidet. Der zweite Punkt ist, dass du durch guten Content wesentlich schneller Besucher zu dir lockst – ohne zuvor in tausend Verhandlungen mit dem Vertrieb zu gehen. Interessanterweise haben wir aber auch hier ein wenig übertrieben und uns einpendeln müssen: Wir haben am Anfang sehr viele Produkte ausprobiert und *gelauncht*. Zusätzlich zu unserem Kernprodukt, der Datenbank, hatten wir einen Markenreport, etwas zum Automarkt etc.

Es waren also schlicht zu viele Ideen und Produkte?

Im Nachhinein stellten wir fest, dass viele davon vor allem Entschuldigungen waren: Falls A nicht funktioniert, machen wir B, wenn nicht, könnte ja C funktionieren. Das muss man selbst erfahren, aber wir wissen jetzt, was mit „Fokus, Fokus, Fokus" gemeint ist. Nimm verdammt nochmal das eine Produkt, an das du wirklich glaubst und leg los. Warte nicht zu lange, verbeiß dich nicht in Feinheiten – wenn du dein Kernprodukt hast, geh damit raus und optimiere es dann weiter. Und wenn es nach zwei, drei Optimierungszügen nicht funktioniert, *Trial-and-Error*, dann ist es wohl ehrlicherweise ein *Error*. Deswegen haben wir heute viel weniger Produkte als früher.

Die Cashflow-finanzierte Welteroberung

Das Schwierige daran ist aber schon, zu erkennen, wann es keinen Sinn mehr macht, ein Produkt weiter zu entwickeln. Wann war euch klar, dass ihr euch auf das eigentliche Produkt von Statista – Statistiken im Abo – fokussieren solltet?

Eigentlich war uns das intuitiv von vorneherein klar. Aber um den eigenen Businessplan zu erfüllen und alle Gelder zu rechtfertigen, nahmen wir vieles in Angriff, was auf dem Papier durchaus sinnvoll klang, in der Realität aber schlicht nicht umsetzbar war.

Dass *Statista* in seiner jetzigen Form funktionieren wird, wussten wir am Tag des *Re-Launch*. Großspurig wie wir damals waren, haben wir tatsächlich zu einer Pressekonferenz geladen – das macht ja heute kein Mensch mehr. Noch verrückter war allerdings, dass 15 Journalisten tatsächlich kamen, darunter für *Zeit* und *Freundin*. Die veröffentlichten Artikel über Statistiken und der nachfolgende *Traffic* ließ unsere Seite erstmal zusammenbrechen. Da wussten wir, dass es läuft. Ein Jahr später, 2009, bauten wir den *Traffic* stetig aus und das Geld floss.

Welches Publikum, welche Zielgruppe haben diese Medien angesprochen? Wer kauft eure Produkte?

Uns war klar, dass zwei Gruppen unser Produkt brauchen und kaufen werden: Berater und die Medien selbst. Gerade letztere brauchten endlich mehr Statistiken für ihre Artikel. Das wussten wir und es hat sich bewahrheitet. Heute bilden unsere Kundengruppen tatsächlich die gesamte deutsche Volkswirtschaft ab: *BASF* z.B. hat die *Enterprise*-Version, d.h. jeder Mitarbeiter kann auf uns zugreifen. *VW*, *Audi*, *BMW* genauso. Man könnte meinen, die müssten ihre Autostatistiken haben – wenn nicht die, wer dann? Aber sie sind unsere Kunden. Und auch 90% aller Universitäten haben als Intensivnutzer Campuslizenzen, wir sind hier die mit Abstand am weitesten verbreitete Datenbank. In jedem Land, in dem wir neu beginnen, kommen Berater, Agenturen und Medienunternehmen als erste, danach folgen alle anderen.

Wenn man es bewusst überdenkt, kann jeder in bestimmten Situationen Statis- tiken gebrauchen?

Ja, sie sind ein Rohstoff für alles. Jeder, der in Deutschland intensiver mit *PowerPoint* arbeitet, und das sind eigentlich alle, hat das Bedürfnis, einen

Dr. Friedrich Schwandt

Markt und seine angrenzenden Märkte schnell zu verstehen, schnell zu überblicken. Dann wieder gibt es Menschen, die unsere Statistiken nutzen, um in Gehaltsverhandlungen einzusteigen.

Und Autokonzerne rufen bei weitem nicht nur Autostatistiken ab, die nutzen uns auch sehr stark, um neue Märkte zu entdecken. Wie gesagt, Statistiken sind ein Rohstoff für alles.

> Statistiken sind ein Rohstoff für alles.

War Dir schon immer klar, dass Du als Unternehmer mit Statistiken erfolgreich würdest oder war beides nicht geplant?

Glück und Zufall spielten bei den vielen Wechseln und Berufen in meinem Leben eine große Rolle. Ich hatte tatsächlich aus echtem Interesse Statistik und Volkswirtschaft studiert und mich auf Telekommunikation spezialisiert. Dann führte mich allerdings das Glück und Vitamin B zur *Deutschen Telekom*.

Welche Eindrücke hast Du hier gewonnen?

Ich war fasziniert von dieser Riesenfirma, diesem Staat im Staate. Sommers Auftritt bei der *Cebit* Ende der 1990er war für mich der Höhepunkt, das war wirklich ein Hofhalten. Helmut Kohl bekam anderthalb Minuten Zeit, andere genauso. Sommer beherrschte dieses Unternehmen. Nach zweieinhalb Jahren habe ich entschieden, dass so ein Konzern mit 150.000 Mitarbeitern nicht meine Welt ist: Die Mitarbeiter dort konnten zwar alle viel gestalten, ich selbst fühlte mich aber weder frei noch unabhängig.

Wenn man sich Deine Laufbahn so anschaut, war das kein klassisches Start-Up, oder? Du machst noch immer, was Berater so machen?

Genau, wir konnten uns vorher selber verkaufen und haben uns nachher selber verkauft. Das war einfach. Keine exotische unternehmerische Geschichte, wir haben das Rad nicht neu erfunden. Die Idee von *Statista* ist im Grunde recht trivial. Das Internet ist optimal für die Aggregation von Informationen geeignet, das war auch 2007 schon klar.

Das heißt, auf die Idee hätten Millionen andere Leute auch schon drei Jahre früher kommen können?

Auf jeden Fall. Aber aus zwei Gründen hat es niemand getan: Zum einen liegt das am Thema per se:

Statistiken sind nicht sexy.

Statistik steht nicht für Entertainment, Fun, Innovation. Es ist nicht sexy. Zu der Zeit aber war die Gründerszene hip und cool, daher ist keiner über Statistiken gestolpert.

Zum anderen waren bei den Marktforschungsunternehmen „graue Haare" enorm wichtig, um Vertrauen aufzubauen. Als junger Gründer wäre man nicht an diese Menschen und die Daten gekommen. *Allensbach* beispielsweise, das Institut für Demoskopie, ist mitunter der wichtigste Datengeber und gleichzeitig der konservativste, vorsichtigste Marktforscher. Wir sind immer wieder dorthin gefahren und haben uns das Vertrauen erarbeitet. Die Leiterin Frau Prof. Köcher hat schließlich Vertrauen zu uns gefunden und zugesagt. Danach standen uns sehr viele Türen offen, das war wichtig und vertrauensbildend in der Branche. Alleine wären wir nie an all die Daten gekommen – auch über Umwege nicht, denn bei Geschäftskunden hast du immer hunderttausend Anwälte, die alles prüfen und begutachten. Somit war die Idee vielleicht trivial, die Umsetzung aber nicht.

Deshalb auch diese zweieinhalb Jahre von der Unternehmensgründung bis zum Re-Launch als wahren Startschuss?

Genau. Wir haben zweieinhalb Jahre gebraucht, um diese Datenbank adäquat zu füllen. Sie kam mit der Gründung, aber bis sie so war, dass die Leute sie optimal nutzen können, hat es diese Zeit gebraucht, allein für Deutschland.

Ihr hattet zu Beginn also ein relativ schwaches Angebot?

Exakt. Aber wir haben dann die richtigen strategischen Entscheidungen getroffen: *Statista* ist im Vergleich zu anderen Datenbanken günstig und damit für alle Kundengruppen sehr interessant. Über eine große Reichweite zu gehen, klingt jetzt cleverer, als es war. Aber September 2008 war die Menschheit plötzlich damit beschäftigt, ob sie noch eine Währung hat, ob die Wirtschaft gerade zusammenbricht, ob wir alle untergehen. Zu dem

Dr. Friedrich Schwandt

Zeitpunkt wollte niemand teure Datenbanken kaufen. Unser Preis war aber beinahe irrelevant, das konnte jeder abzeichnen. Aus dieser historischen Not heraus sind wir also auf Masse gegangen – was richtig war, wie man sieht. Manche Geschäftsmodelle entstehen aus solchen Zufällen. Und funktionieren.

Und es darf ruhig mal trivial sein, nicht das neue Rad. Und nicht das exklusive Produkt, das sich nur Ausgewählte leisten können.

Man muss den Bedarf erkennen. Ein triviales Produkt wird in so vielen Situationen von Kunden benötigt, und mit dem richtigen Preis kommt es eben auch schnell zu einer Kaufentscheidung.

> Diesen Bedarf zu erkennen, war unsere erste große Leistung.

Früher war der beste Verkaufszeitpunkt der Woche Sonntag 21 Uhr. Wir konnten die Berater förmlich vor uns sehen, wie sie zu Hause sitzen, ihre Präsentation für den nächsten Flieger erstellen müssen, leiden, die Welt hassen. Und genau da kamen wir ins Spiel – wie bei Marathonläufern, die kurz vor dem Ziel Wasser gereicht bekommen. Bekommen müssen. Diesen Bedarf zu erkennen, das war eigentlich unsere erste große Leistung.

Die zweite war, die Idee konsequent zu verfolgen. Wir haben ein extrem komplexes System für die Verschlagwortung entwickelt. Statistiken haben ja nicht viele Wörter, Menschen suchen nicht nach einer „8" oder einer „12". Und neben den Begriffen „Tablet" und „iPad" verwenden Nutzer noch zig andere, um nach Statistiken zu Tablets in Deutschland zu suchen. Also mussten wir sie so optimieren, dass sie extern – über *Google* – und auch intern gefunden werden.

Ihr habt also Redakteure für diesen Content – wer ist noch bei euch angestellt?

Wir haben heute 150 Mitarbeiter, davon sind 115 fest angestellt. Wir haben natürlich eine recht große Analysten-Abteilung. Neben Identifizierung, Verifizierung, Qualifizierung und Aufbereitung treibt diese Abteilung ein jeder Jahreswechsel um: Am 2. Januar will niemand mehr die Statistiken vom letzten Jahr, wir müssen dann alles neu abdecken. Das ist der schlimmste Tag der Welt für uns. Dann gibt es noch ca. 50 Analysten, die einzelne Märkte analysieren und generell alle Daten identifizieren. Somit ist ein

Drittel unserer Leute für Informationen, ihre Pflege – kurz, für das Content-Geschäft zuständig. Der zweite Bereich, die Technik, umfasst ca. 10 Köpfe, die z.B. unser *CMS* entwickeln und unsere Technik mit Menschenverstand verbinden. Der dritte Bereich ist der Vertrieb, einmal über das Web für kleinere Accounts, und dann direkter für größere Geschäftskunden. Das läuft vermehrt über Telefon, Emails, persönliche Treffen, alles über unsere Büros in Hamburg und New York. Dann haben wir noch eine Grafik- und eine Forschungsabteilung, in der wir selbst Daten erheben, Studien durchführen etc.

> Der Jahreswechsel ist für uns der schlimmste Tag der Welt.

Auf jeden Fall, Großkunden, die Interesse an unserem *Enterprise*-Produkt haben, möchten uns persönlich kennenlernen, uns in die Augen schauen, Vertrauen aufbauen. Sie möchten sicher gehen, dass wir sie und ihre Bedürfnisse verstehen, vertrauenswürdig sind. Ohne persönlichen Kontakt kommst du bei Geschäftskunden dieser Größe nicht weiter.

Ja, wir haben zunächst alle Statistiken wirklich jeden Marktes in Deutschland aufgenommen. Danach standen wir vor der Entscheidung, welches Land wir als nächstes so detailliert abbilden wollen. Da wir immer alle Industrien benötigen, entsteht für Luxemburg im Prinzip der gleiche Aufwand wie für die USA. Die Vereinigten Staaten waren natürlich attraktiver. Zudem spielte hier Eitelkeit auch eine kleine Rolle: Wir wollten zeigen, dass man neue Geschäftsmodelle in Deutschland erfinden und sie dann in die USA bringen kann.

> Eitelkeit spielte hierbei auch eine kleine Rolle.

Erstens: Wenn man an so einen großen Markt geht, sollte man das mit folgender Grundeinstellung tun: „Ich weiß nichts, ich verstehe nichts, das alles ist absolut neu und fremd". Ich glaube, nur dann hat man eine Chance.

Zweitens: Der Vertrieb ist unglaublich schwierig, wenn man nicht vor Ort ist, fast unmöglich, ob man nun Mitbewerber hat oder nicht. Wir haben anderthalb Jahre von hier aus zu telefonieren versucht – als Lerngruppe nicht ganz verkehrt, und wir haben die teuren Büros gespart. Aber wenn man es richtig machen will, braucht man diese Büros. Zunächst haben wir einige Unis gewinnen können, das war für den Anfang immerhin etwas. Aber spätestens da wurde klar, wir brauchen Leute vor Ort.

Das klingt einleuchtend. Sollten es dann auch Amerikaner sein?

So einfach ist das nicht. Zunächst braucht man eigentlich einen erfahrenen Deutschen. Amerikaner kennen den Markt, sind aber in der Startphase sehr damit beschäftigt, sich selbst zu optimieren – und gehen dann wieder. Für sie ist es üblich, in einer Woche zu kommen und in der nächsten wieder zu verschwinden. Für längerfristige Verhältnisse schickt man am besten zwei Deutsche als Führung, so können sie sich austauschen und gegenseitig motivieren. Alle weiteren Mitarbeiter bei uns waren und sind Amerikaner. Viele lassen sich mit sehr kleinen Gehältern einkaufen, aber wenn man die richtig guten Leute will – und die sind im Vertrieb nun mal das A und O –, muss man die beim naheliegenden Wettbewerb abwerben.

Was bringen die richtig guten Vertriebler denn mit?

In den USA zählen für den Vertrieb vor allem gute Netzwerke. Unsere Vertriebler dort sind sozusagen die meiste Zeit beim Mittagessen, dafür bezahlen wir sie – und es funktioniert. In Deutschland mag man bestimmte Argumente für oder gegen den Kauf eines Produktes sammeln, dort heißt es viel eher: „James hat gesagt, das ist sehr, sehr gut.

Ich kann die Argumente nicht überblicken, aber wenn James das sagt, vertraue ich ihm. Und empfehle Dir das Produkt weiter." So ein James ist dort das *TÜV*-Siegel. Und sollte etwas an seinen Empfehlungen nicht stimmen, wird er ganz schnell nicht weitervermittelt.

> Unsere Vertriebler sind die meiste Zeit beim Mittagessen.

Man muss also in diese „Netzwerke des Empfehlens" hineinkommen. Bist du einmal drin, öffnet sich dir eine fantastische Welt: Keine andere Nation ist so offen für neue Ideen und Produkte, kein Land hat so viel Spaß am Ausprobieren. Entsprechend begeistert wurden wir mit unserem halbfertigen Produkt empfangen. Die ersten drei Jahre waren schon hart, aber jetzt läuft es wirklich toll.

Warum habt ihr das Büro in New York, warum nicht woanders?

Zum einen haben wir dort viele Kunden sitzen, die Medienbranche, Agenturen, die sind alle in New York. Zum anderen wollten wir von Deutschland aus bequem hinfliegen können. Und schließlich ist New York gar nicht so teuer, wie man immer denkt. In Manhattan ist die günstigste Gegend der *Financial District* an der Börse. Dort sind viele Unternehmen nach dem Börsencrash weggezogen. Da kriegt man aktuell Büros für 25 Euro pro Quadratmeter. Das ist nicht billig, aber ich finde, man sollte auch den Spaß nicht vergessen – und ich will nicht jeden Monat nach Buffalo fliegen.

Ist der Markt dort denn jetzt profitabel für euch?

Ja, jetzt ist er profitabel geworden. Wir haben dort 13 Leute und stellen pro Monat ein, zwei neue Mitarbeiter ein. Fairerweise muss ich sagen, dass wir hier auch wieder mal Glück hatten: *Google* rollt immer wieder seine Pandas und Pinguine aus, die Updates des Suchalgorithmus. Und im Mai 2014 haben wir enorm davon profitiert: Bis dahin hatten wir in den USA ca. 5.000 Besucher am Tag, nach dem Update 50.000. *Google* kann man nicht direkt beeinflussen, aber man kann sich verdammt freuen, wenn so etwas passiert.

Wie stand es denn in den USA um die rechtlichen Seiten? Hattet ihr da Sorgen, in Grund und Boden verklagt zu werden?

> Allein der deutsche Akzent klingt für sie zutiefst vertrauenerweckend.

Ja, auch das muss man bedenken. Wir sind noch nie verklagt worden, aber eben auch, weil von Anfang an ein Rechtsanwalt, unser *Legal Council*, fester Bestandteil unserer Firma war.

Rechtsfragen sind für uns mehr als relevant, es gibt sie zu Hauf in unserem Bereich, es war klar, dass wir uns auf dieser Ebene perfekt aufstellen müssen.

Dr. Friedrich Schwandt

Wir haben direkt eine Firma in den USA gegründet, das war der zweite Schutzschild. Und schließlich ist meine Frau zufällig eine amerikanische Rechtsanwältin, das war und ist auch sehr hilfreich.

Es heißt, die Amerikaner seien uns gegenüber sehr offen, stimmt das?

Oh ja, und wie! Das merkt man immer wieder. Allein der deutsche Akzent klingt für sie zutiefst vertrauenerweckend – übrigens genauso wie unser Produkt. Für Amerikaner ist *Statista* ein so deutsches Produkt, dass es mit *Mercedes Benz* und *BMW* in einem Atemzug genannt wird, weil es so sehr prozessorientiert und präzise gearbeitet ist. Diese typischen Klischees zählen dort, im positiven Sinne. Das nutzen wir natürlich bei *Pitchs* und überzeichnen das Ganze manchmal sogar enorm.

Das ist vor allem interessant, wenn man bedenkt, dass die deutsche On-line-Branche nicht gerade bekannt dafür ist, die besten Produkte zu liefern, ich nenne nur mal StudiVZ als schlechte Kopie von Facebook …

Und das stimmt, aber wir können mit *Statista* auf anderen Ebenen etwas bieten, was man auch in den USA nicht selbstverständlich bekommt: Zum einen stellen wir Daten in enormer Zahl ein, 500 bis 1.000 Statistiken pro Tag, jeden Tag. Und dann werden diese Daten kontrolliert, kontrolliert, nochmal kontrolliert, immer und immer wieder. Das ist fast absurd deutsch, aber hier zahlt es sich eben perfekt aus.

Lass uns an das andere Ende der Welt springen. Wie ist der Plan mit China?

Nach den USA kam China als zweiter großer Markt außerhalb Deutschlands hinzu. Die Amerikaner machten uns sehr schnell deutlich, dass sie sich gar nicht so sehr für deutsche und europäische Statistik interessierten. *Old Europe* hatte zumindest damals keine Relevanz, China aber umso mehr. Gefragt haben insbesondere US-amerikanische Universitäten und Firmen, da sagte uns unser Unternehmergeist recht schnell, „das müsste auch von den USA aus gehen“: Es gibt viele Chinesen in den USA, die dort studieren und sehr gut Chinesisch, Deutsch und Englisch sprechen. Wir müssen also gar nicht nach China fahren, sondern können mit diesen Leuten arbeiten, hier die richtigen Inhalte identifizieren und alles andere online machen, ins Englische übersetzen und einstellen. Dadurch steigern wir auch den Mehrwert, denn die meisten Europäer und Amerikaner sind des Mandarin nun mal nicht mächtig.

Die Cashflow-finanzierte Welteroberung

Welches Land folgt dann bzw. ist gerade in der Aufbereitung?

Wir sind zurzeit mit Großbritannien beschäftigt. Wir wollten den europäischen Markt nach und nach ausbauen, allerdings kommen immer mehr Anfragen aus europäischen Ländern, der Druck steigt also. Früher war es immer umgekehrt, wir mussten erst den Content haben, dann kamen die Geschäfte. Jetzt haben wir zuerst die Nachfrage und bauen dieser entsprechend auf. Die Inhalte für Frankreich, Spanien und Italien werden gerade ebenfalls bearbeitet.

Die Leute fragen sich immer, wo der Online-Mittelstand in Deutschland eigentlich sitzt? Irgendwo im Schwabenland oder doch alle in Berlin? Ihr seid aus historisch-privaten Gründen in Hamburg, richtig?

In unserem Fall hatte sich das tatsächlich einfach ergeben, aber es gibt wohl für jede Stadt Pros und Kontras. Insgesamt findet sich der Internet-Mittelstand schon in den Metropolen, dort werden die meisten Unternehmen gegründet – aber meine Beobachtung ist auch, dass es schon lange nicht mehr zwingend Berlin sein muss.

Für Hamburg sprechen die Nähe zu den Medienunternehmen, mit denen wir die Marke sehr gut aufbauen konnten, sowie die Existenz einer sehr großen Universität mit vielen Fächern, die hier nicht richtig wertgeschätzt werden. Wir konnten all die intelligenten Historiker, Archäologen etc. hervorragend ausbilden und bei uns einstellen. Und auch tolle Techniker finden sich in Hamburg, in Berlin hingegen ist der Markt viel zu überschwemmt.

Gegen Hamburg spricht die relativ geringe Anzahl an ausländischen Mitmenschen, ob Mitarbeiter oder Studenten, da wäre Berlin viel besser gewesen. Die Erstellung der Statistiken ist in Hamburg zentralisiert, weil der Prozess so komplex ist. Das bleibt auch so, aber dafür hätten wir gerne viel mehr unterschiedliche Leute. Hier ist es nicht so einfach, chinesische Studenten zu finden, hier ist es nicht so einfach, amerikanische Vertriebsmitarbeiter oder Franzosen im Support zu finden. Das ist sicherlich ein Nachteil.

Dr. Friedrich Schwandt

Lass uns über eure Finanzen sprechen. Hattet ihr am Anfang Venture Capital (VC)? Und könnt ihr heute neue Märkte aus eurem Cashflow aus Deutschland finanzieren oder finanziert ihr das auch über Fremdkapital, Banken?

Zu Beginn haben wir vier Gründer alle Ersparnisse reingesteckt, die wir gemeinsam hatten, ca. 500.000, 600.000 Euro, um *Statista* anrollen zu lassen. Durch diese Selbstausbeutung, *Angels* und eine Anschlussfinanzierung von ca. 1,3 Millionen Euro von *Grazia Equity* haben wir das deutsche Modell so profitabel aufgestellt, dass wir aus dem eigenen *Cashflow* wachsen konnten. 2014 lag der Umsatz von *Statista* bei ca. 10 Millionen Euro.

Das klingt profitabel … was passiert mit dem Geld?

Ja, Deutschland ist sehr profitabel. Das Geld fließt jedes Jahr in den Ausbau der neuen Märkte, aber am Ende steht immer die schwarze Null, wie bei *Amazon*. Wir reinvestieren den kompletten Gewinn, weil wir an unser Modell glauben. Und daran, eine Art natürliches Monopol aufzubauen. Wenn wir jeden Markt stehen haben und unsere komplexen Inhalte zu einem relativ niedrigen Preis mit viel *Traffic* von *Google* anbieten, wird es für ein anderes Unternehmen schon sehr schwer, in diesen Markt hineinzukommen: Die müssten zunächst zwei, drei Jahre pro Land vorinvestieren, dann genauso gut sein wie wir und gleichzeitig einen besseren Preis haben, um zu überzeugen. Und selbst dann können unsere Kunden noch immer auf die gesamte Welt zugreifen, während die Neuen erstmal nur Deutschland anböten. Wir sind also kaum angreifbar, wenn es so weitergeht.

Ein schönes Geschäftsmodell auf dem Weg zur Weltherrschaft, klingt überzeugend …

Jetzt ja, aber so weit gekommen sind wir vor allem durch die Panik der ersten Tage. Wir haben in einem Keller angefangen und uns wirklich über jeden Cent berichtet, jede Briefmarke berechnet.

> So weit gekommen sind wir vor allem durch die Panik der ersten Tage.

Für PR-Aktionen haben wir nie Geld ausgegeben, Marketing war entweder minimal oder es musste sich refinanzieren. Wir dachten so lange: „Oh Gott, ich möchte, wenn die Welt zusammenbricht und ich keinen Umsatz mache, wenigstens drei, vier Monate an Geld, diesen Hauch von Sicherheit haben." Die Entscheidung mit der schwarzen Null rührt auch daher – wir wollten in Ruhe schlafen können.

Die Cashflow-finanzierte Welteroberung

Das komplette Interview finden Sie in der Vollversion des Buchs.

Jetzt erhältlich unter:
www.online-mittelstand.de

JAN SCHLÜTER

Gründer der Mediakraft Networks

YouTube kennt jeder – das Fernsehen der Zukunft aus dem Hause Google ist dabei, die TV-Landschaft ähnlich stark zu verändern, wie das Internet zuvor schon die Print-Landschaft verändert hat.

Mediakraft kennt kaum jemand – dennoch ist das Unternehmen hierzulande einer der wichtigsten Partner von YouTube und besonders auch der dort aktiven Künstler. Anfangs wurden die Schminktipps-Teenies und Blödel-Trash-Talkshows auf *YouTube* belächelt. Mittlerweile sind dort viele Nachwuchsstars entstanden, die Millionen von Fans begeistern.

Jan Schlüter ist recht zufällig auf dieses Geschäftsmodell gestoßen. Wie so vielen Internet-Gründern, die neuartige Unternehmen aufbauen, war ihm lange Zeit nicht klar, welch spektakulären Erfolgsweg er eigentlich betrat.

Jan Schlüter

Jahrgang: 1972

Firma: *Mediakraft Networks*

Standort: Hamburg

Jan, als einer der Gründer von Mediakraft hast Du eine spannende Erfolgsge-schichte zu erzählen. Seit wann bist Du in der Online-Branche unterwegs?

Ich bin jetzt 42 Jahre alt und seit 1999 in der digitalen Vermarktung unterwegs. Ich habe eigentlich schon während meines Studiums begonnen, mich mit dem Thema Online-Vermarktung zu beschäftigen. Gelernt habe ich bei *Real Media*, und zwar von der Pike auf. Seitdem führte mein Weg mich über verschiedene Stationen im Bereich digitale Vermarktung von Email Marketing und Banner-Vermarktung über *digital Signage* zur Vermarktung von Screens in Stores – wie beispielsweise in *McDonald's*-Stores. Ich bin nun seit 15 Jahren dabei und habe quasi jeden Aufschwung, Niedergang und Wiederaufschwung der digitalen Werbeindustrie von verschiedenen Standorten und Stationen aus mitbegleitet. Ich kenne sehr viele Marken, ich kenne sehr viele Agenturen und die entsprechenden Personen, die ich in diesen Agenturen von Anbeginn begleitet habe. Viele sind auch nach wie vor da, man kennt sich. Ich bin entsprechend gut vernetzt in diesem Bereich.

Aber Du warst zunächst angestellt?

Richtig, meine letzte Station, bevor ich mich 2009 selbständig gemacht habe, war die Firma *TripleDoubleU*, ein klassischer Online-Vermarkter von *Display Advertising*, aber auch von *digital Signage*. Und 2009 bin ich dort tatsächlich ausgeschieden – worden. Das hatte wahrscheinlich auch etwas mit der Geschäftskrise zu tun, so oder so, ich bin gegangen worden. Im Nachhinein stellte sich dies als klarer Glücksfall heraus, aber damals war das natürlich erst mal ein Schock, ich war immerhin seit fünf Jahren dort. Nach so langer Zeit gefeuert zu werden, führte dazu, dass ich mich sehr schnell damit beschäftigte, wie es weitergehen könnte, wie ich weitermachen sollte – und da ist auch direkt der Name *Mediakraft* in meinem Kopf aufgetaucht.

Auch als das Unternehmen Mediakraft, das wir heute kennen?

Nein, das war zunächst in einem komplett anderen Kontext. *Mediakraft* war damals als eine Beratungsfirma angedacht. Diverse Freelancer sollten hier unter ein Dach schlüpfen und sich in Projektteams Kunden gegenüber positionieren können. *Mediakraft* sollte hierbei dieses Dach darstellen, das Ganze war als eine Art Franchise-System gedacht. Das habe ich auch international ausgebaut: Unter diesem Dach *Mediakraft* betreute ich damals nicht nur Kunden aus Deutschland, sondern auch aus Kanada, aus Israel etc. Unsere Hauptaufgabe bei der Beratung war es, den Kunden Unterstützung zu geben, wenn es darum ging, ein Produkt in der digitalen Werbewirtschaft in Deutschland zu positionieren, dieses Produkt an die Agentur zu bringen. Und in dieser Form ist damals tatsächlich *Mediakraft* entstanden: Mit einem völlig anderen Hintergrund als heute, jetzt ist eigentlich nur der Name geblieben. Aber das Ganze war eine Einzelgründung von mir – ich wusste nur nicht, was zwei Jahre später auf mich zukommen würde.

Du bist also mit Mediakraft zunächst mal in eine ganz andere Richtung gelaufen – wie ging es dann weiter?

Ja, erstmal ganz woanders hin. Ich habe hierbei jedoch relativ schnell verstanden, dass dies eine Sackgasse war: Das Thema Beratung war zumindest für mich kein Bereich, der in Bezug auf eine Zukunftsperspektive sinnvoll war. Aber es war erfolgreich, deshalb habe ich das Ganze eben nicht eingestampft, es lief nach wie vor weiter – auch mich als persönlichen Berater gab es lange Zeit. Aber ich habe darüber hinaus 2010 *Produktkraft* als Tochter von *Mediakraft Networks* gegründet.

Welche Idee wolltest Du damit realisieren?

Ende 2009 wurde ersichtlich, dass das Thema Produktplatzierung von der europäischen Ebene auf die deutsche geholt und dort reguliert wurde. Sie sollte diesen „schäbigen" Beigeschmack verlieren,

> Produktplatzierung musste zunächst ihren „schäbigen" Beigeschmack verlieren.

erlaubt sein und unter gewissen Richtlinien auch öffentlich verkauft werden können. Das habe ich dann relativ früh vorbereitet – wenn ich mich recht erinnere, wurde das Gesetz im April verabschiedet und im Juni habe ich *Produktkraft* gegründet. Der Hintergrund war, alle Formate, die quasi schon auf dem Papier existierten, an Mandanten wie z.B. *Sony Film- und Fernsehproduktionen* zu bringen. Ich bin zu Agenturen, zu den Marken gegangen und habe gesagt „Schaut her, wir können das mit Euch produzieren, so seid Ihr von Anfang an Teil dessen, was ab jetzt passiert."

Youtube-Stars sind die Popstars von morgen. Mediakraft vermarktet sie.

Könntest Du das laientauglich beschreiben:
Wie funktioniert Produktplatzierung und warum möchten Marken das machen?

Im Grunde genommen ist Produktplatzierung ein alter Hut: Es bedeutet nichts anderes, als dass eine bestimmte Marke über eine Produktintegration Teil des Programms wird. Sie spielt also redaktionell eine Rolle und stellt einen Teil des Sets dar. Produktplatzierung oder *Brand Integration* liegt in verschiedenen Ausprägungen vor, aber für Marken ist es generell sehr spannend, in den Content hineinzukommen. So können sie den Zuschauern größere Emotionalität vermitteln. Wie gesagt, das ist kein neues Thema und vor allem im Bereich Kino präsent, in den USA sicher schon seit 60 Jahren.

Wenn also James Bond einen bestimmten BWM fährt …

Genau. Das ist nichts anderes als das, was ich tue – mit dem Unterschied, dass ich die Verbreitung nicht über das Kino laufen lasse, sondern über das Web. Das war im Prinzip der erste Ansatz, die Verbreitung solcher Formate im Web zu starten, diesen Pfad zu nutzen. Das habe ich mit *Produktkraft* getan und auf diesem Weg meine jetzigen Partner auch sukzessive kennengelernt, z.B. Spartacus Olsson und seine Frau. Die beiden haben damals Formate entwickelt, die nur und ausschließlich für das Web produziert wurden. Wir haben uns dann zusammengetan, die beiden als Produzenten, ich als Vermarkter. Wir haben hierbei nicht nur bei *Sony Film- und Fernsehproduktion*, sondern auch bei der Firma *Tinstream* gemeinsame Sache gemacht.

Beide sind auch heute Teil eures Teams, richtig?

Beide sind auch heute noch dabei. Wie Christoph Krachten, den ich beinahe genauso kennengelernt habe. Er hatte schon damals, also 2009, eine sehr erfolgreiche Online-Talk-Show, *Clixoom*. Ich habe mit ihm darüber gesprochen, wie ich seine Talk-Show vermarkten kann bzw. wie wir Produkte in seiner Talk-Show platzieren können, die dann auf dem *YouTube*-Kanal das Publikum erreichen.

Und so kam letztendlich eines zum anderen. Spartacus Olsson ist dann in *Produktkraft* eingestiegen und wir sind gemeinsam losgezogen, um das Thema Bewegtbild voranzutreiben, Formate bei Markenartiklern und Agenturen vorzustellen. Das Novum war in dem Fall, dass ich nicht mehr wie am Anfang auf allen Ebenen alleine funktionieren musste, damals

Jan Schlüter

hatte ich im Grunde noch keine richtige Reichweite, die hätte man dazu kaufen müssen. Spartacus Olsson hat das Ganze weiterentwickelt, sodass wir Kunden schließlich Konzepte mit einer garantierten Reichweite anbieten konnten. Wir haben den Kunden damit immer mehr das Risiko genommen, die Ungewissheit, was mit ihrem Geld passiert, ob und wie sie wirklich Leute erreichen.

Und da war das Team schon fast komplett, oder?

Fast. Spartacus Olsson, Christoph Krachten, ich – und dann kam letztendlich Philipp Laude von *Y-Titty,* zusammen mit Christoph Krachten der damals schon erfolgreichste *YouTube*-Künstler, und natürlich die Frau von Spartacus Olsson, Astrid Deinhard-Olsson. Sie hat sich sehr, sehr früh mit dem Thema „Wie muss erfolgreicher Content gestaltet sein" auseinandergesetzt. Die Expertise von Christoph Krachten bestand für uns darin, zu wissen, wie Content konfektioniert sein muss, wie man mit den Zuschauern interagiert etc. Hinzu kam eben die wahnsinnige Expertise von Philipp Laude, der in sich vereinte, wie man interaktiven Content konfektioniert, damit es auf *YouTube* funktioniert und das Publikum stetig wächst. Wir haben das Ganze zusammen dann immer weiter ausgefeilt. Und dieses Team war quasi die relevante Konstellation, in der wir die Gespräche mit *YouTube* begonnen haben. YouTube war schon viel weiter, was das weltweite Business anging, damals hatten sie gerade *Next New Networks* gekauft, das war die Blaupause für alles Folgende, sozusagen das Ur-*MCN*.

Was bedeutet MCN?

Multichannel Network, das ist der technische Begriff für solche Unternehmungen wie *Mediakraft.* Wir selbst sehen uns zwar eher als Web-TV-Sender-Netzwerk und als Enabler für verschiedenste Programme in unterschiedlichsten thematischen Clustern – aber technisch gesehen sind wir auch ein *MCN,* ein *Multichannel Network.* Aus Sicht von YouTube muss das auch so sein, wir sind technischer Partner, *YouTube*-Dienstleister, also eine Symbiose technischer Natur mit Youtube eingegangen.

Youtube-Stars sind die Popstars von morgen. Mediakraft vermarktet sie.

Wieso hatte YouTube damals Interesse an solchen Kooperationen?

YouTube selbst hatte wahnsinniges Interesse daran, aus der damaligen Schmuddelecke heraus zu kommen: Es wurde sehr viel Mist hochgeladen, broadcast yourself von der übelsten Sorte. Zwar gab es auch schon tolle Sachen bei der Zweitverwertung, aber das Image von *YouTube* war insgesamt sehr schlecht. Entsprechend intensiv wurde natürlich versucht, Produzenten und andere professionelle Leute zu finden, die *YouTube* als Plattform für sich nutzen.

Diese weltweite Initiation war sehr entscheidend für *YouTube*. Zu Zeiten dieser Gespräche wurde nicht nur uns angetragen, solch ein *MCN* auf *YouTube* zu gründen.

> YouTube hatte großes Interesse daran, aus dieser Schmuddelecke herauszukommen.

Und es hat sich rentiert?

Richtig. Parallel bzw. ungefähr zeitgleich hat *YouTube* zudem sein Partnerprogramm ins Leben gerufen: Aktive YouTube-Teilnehmer wurden enorm motiviert, ihre Inhalte auf *YouTube* hochzuladen – und zwar durch das Teilen der Werbeerlöse: Wenn *YouTube* mit bestimmten Werbeinhalten erfolgreich war, diese an viele Zuschauer distribuiert werden konnten, wurden die Produzenten bzw. die Kanäle an den Gewinnen beteiligt. Je erfolgreicher ein *YouTuber* oder ein *YouTube*-Kanal war und ist, desto mehr Werbung kann platziert werden – und desto höher sind natürlich die Einnahmen für den jeweiligen YouTube-Kanal-Eigner.

Und ihr wart bereits gut aufgestellt, um so ein Netzwerk zu gründen.

Ja, denn wir hatten für dieses Programm die perfekte Konstellation: Leute, die wissen, wie YouTube funktioniert, Leute mit redaktionellem Hintergrund, Leute, die sich mit der Konfektionierung von *YouTube*-Inhalten auskennen, die wissen, wie Inhalte für Web-only produziert sein müssen – und schließlich meine Wenigkeit mit dem Hintergrund der Vermarktung. Und ich möchte

mich hier auch ernsthaft ein wenig zurücknehmen, denn ich wusste vor dreieinhalb Jahren bestimmt nicht, was heute stattfinden wird. Das Ganze war und ist ganz klar eher im visionären

> Das war die Chance, Web-TV-Revolutionsgeschichte zu schreiben.

Jan Schlüter

Spektrum von Spartacus Olsson und Christoph Krachten anzusiedeln. Die haben damals erkannt, dass das die Chance war, komplett neue Web-TV-Revolutionsgeschichte zu schreiben. So hat das alles begonnen.

Das zweite Leben von Mediakraft ist damit entstanden, richtig?

Genau, hier kommt *Mediakraft* wieder ins Spiel. Besagte Konstellation von Spartacus, Christoph und mir gab es bereits bei *Produktkraft*. Die Mutterfirma bzw. ihr Name *Mediakraft* war mir ja seinerzeit auf dem Sofa eingefallen, als ich mich gefragt hatte, was ich wohl jetzt mit meinem Leben anfangen werde. Da mir der Name noch immer gefiel, haben wir ihn im Prinzip einfach übernommen, daraus *Mediakraft Networks* als Mutterfirma gemacht und Produktkraft vermarktet. So ist *Mediakraft Networks* tatsächlich entstanden. Spannend ist wie schon erwähnt, dass neben uns auch einige weitere gefragt worden sind, ein *MCN* zu gründen – aber offensichtlich war niemand sonst so visionär wie wir, niemand ist mit uns gleichgezogen. Wir waren damals die ersten und einzigen in Deutschland, die das Thema an den Start gebracht haben.

> Niemand sonst war so revolutionär, niemand ist mit uns gleichgezogen.

Das heißt also, ihr habt das Geschäftsmodell nicht so richtig alleine erfunden, sondern YouTube ist auf euch zugekommen und hat gesagt: wir brauchen folgende Art von Unternehmen in diesem Markt, ihr müsst das bauen?

Im Grunde genommen ist es so gelaufen, ja. Die haben uns aber auch gut unterstützt und uns gezeigt, welche Modelle in den USA schon funktionierten. Diesen Beispielen sind wir dann entsprechend gefolgt. Es ist eigentlich unmöglich, auf einer fremden Plattform zu agieren, wenn einem nicht gesagt wird, welcher Input wie erwünscht ist.

Ihr wart also das Team mit den richtigen Skills, mit der richten Kombination im Team, im richtigen Moment am richtigen Ort – und seitdem erfolgreich und klarer Marktführer in Deutschland. Seid ihr auch international tätig?

Wir sind und werden international, in den Niederlanden haben wir bereits ein eigenes Office. Dort sind wir aktuell zwar noch nicht Marktführer, wollen es aber natürlich werden. In Polen und in der Türkei sieht es ähnlich aus. Vor allem in der Türkei ist der Weg noch recht lang, aber das Ziel ist, die *Learnings*,

Youtube-Stars sind die Popstars von morgen. Mediakraft vermarktet sie.

die wir in den letzten drei Jahren in Deutschland vollzogen haben und auch weiterhin jeden Tag vollziehen, automatisch an unsere Auslandstöchter weiterzugeben. Und umgekehrt natürlich ebenso: Wir treffen uns regelmäßig und schauen, welche Synergien wir an den unterschiedlichen Märkten für uns finden und nutzen können.

Lass uns hier ein wenig ins Detail gehen, was die Funktionsweise eures Geschäfts angeht. Auf der einen Seite gibt es den Werbetreibenden, der Geld dafür zahlt, dass sein neues Shampoo im Netz zu einer jungen Zielgruppe getragen wird. Auf der anderen Seite stehen die Produzenten, eure Partner, die z.B. eine Web-Talk-Show produzieren und dieses Shampoo in ihre Sendung nehmen?

Im Wesentlichen sehen wir uns als *Publisher*, also als Web-TV-Sender-Netzwerk, das im Grunde genommen ein Verbund von mittlerweile 2.600 Partnern, Künstlern und Produzenten ist. Wir sind hierbei die Enabler – ich sage immer ganz gerne, wir sind ein TV-Sender mit Benefits, denn wir liefern ein sehr breites Service-Spektrum für unsere Partner. Das fängt damit an, dass sie sich technisch an unser riesiges *Content Management System* andocken. So können wir dann zunächst eine Startanalyse fahren und messen, wie sie gerade dastehen, welchen Erfolg sie gerade haben. Wenn also ein neuer Partner zu uns kommt, analysieren wir seinen Status und überlegen dann gemeinsam mit ihm, welche Maßnahmen wir ergreifen können, um diesen Status positiv zu verändern. Das bedeutet im Wesentlichen, dass wir an qualitativen Schrauben drehen: Input, Sets, Sounds, Equipment, Schnitt, Schulungen – kurz, alle Mechanismen, die dazu führen, dass die Qualität der Inhalte besser wird, sodass dem Zuschauer ein optimales Unterhaltungserlebnis geboten werden kann.

Eure Unterstützung führt also zu höherer Qualität und damit zu größerer Reichweite?

Ja, aber das ist natürlich noch nicht alles. Es folgt die technische und die manuelle *Cross Promotion*: Wenn jemand an uns angedockt ist, haben wir durch technische Spielereien die Möglichkeit, Zuschauerströme von Kanal zu Kanal zu Kanal und von Clip zu Clip zu Clip zu leiten, um die Zuschauer individuell und interessenbezogen an neue Kanäle heranzuführen. Wenn alles richtig läuft, gefällt das entsprechend, sie finden dies toll, kaufen jedes, lassen hier einen Daumen für ein *Like*, abonnieren dort einen Kanal zusätzlich zu dem bekannten usw. Das läuft dann quasi nach der Formel „eins und eins

Jan Schlüter

macht drei" – unsere Partner erhalten Zuschauerzirkel von Kanälen, die sie sonst nicht hätten und umgekehrt: Wir fördern also technisch gesehen den Austausch von Zuschauern und alle profitieren davon, selbst der größere Partner, der einen kleineren *cross-promotet*: Der Effekt mag für den kleineren wertvoller sein, aber auch der größere Partner hat marginal von dieser Zusammenarbeit profitiert. Das zählt zu unseren *Basic*-Angeboten.

Was bietet ihr euren Partnern und Kunden noch?

Unsere Partner haben auch die Möglichkeit, in unseren Studios vorbeizuschauen und geplante *Cross Promotion* zu nutzen, das heißt, wir aktivieren Aktionen, in denen Partner bei anderen Partnern auftreten, angeleitet dabei sind. So können sie die Effekte, die daraus entstehen, noch stärker nutzen. Das geht soweit, dass wir Sommercamps, Wintercamps und andere Events veranstalten, damit die Leute sich treffen und gemeinsam auftauchen, sich gegenseitig in ihren Shows und Formaten besuchen. Dann kann man noch besser vermitteln, sagen „Wenn ihr die Person in meiner Show gesehen habt und mehr von ihr wissen wollt, hier ist der Link zu ihrem Kanal." Im Endeffekt dreht sich alles darum, dass die Zuschauer von unseren einzelnen Kanälen hören, etwas von möglichst allen Partner mitbekommen – so wird das Wachstum stetig weiter gefördert.

Ihr habt mittlerweile auch einige Jugendliche bzw. Minderjährige unter Vertrag, richtig?

Ja, genau. Unser Service gipfelt gerade darin, unsere vielen jungen Talente, die zum Teil auch noch minderjährig sind, in unserem Portfolio zu bedienen. Hier müssen wir die Verträge stellenweise auch noch mit den Eltern abschließen.

> Wir helfen Eltern, wenn es heißt: „Hilfe, mein Kind ist ein YouTube-Künstler!"

Wir haben tatsächlich auch ein Info-Forum für Eltern entwickelt, in dem sie sich untereinander austauschen können, wenn es heißt: „Hilfe, mein Kind ist *YouTube*-Künstler!" Wir helfen Eltern, das zu verstehen und damit umzugehen. Und wenn ich das richtig im Kopf habe, beginnt im zweiten Quartal 2015 auch unser erstes Stipendiat, wir haben mit der Macromedia-Hochschule einen gemeinsamen Studiengang zusammengestellt.

Youtube-Stars sind die Popstars von morgen. Mediakraft vermarktet sie.

Macromedia ist eine Privathochschule, richtig?

Genau, die gibt es in Köln, in Hamburg und an vier weiteren Standorten in Deutschland. Hier haben wir die Möglichkeit, junge Menschen zu unterstützen, die bei YouTube tätig werden möchten. Man kann eine Ausbildung oder ein Studium gemeinsam mit *YouTube* und auch bei uns im Unternehmen machen. Damit möchten wir unserer Verantwortung Rechnung tragen: Viele junge Leute haben bei uns die schönste Zeit ihres Lebens, aber es kann auch vorkommen, dass so ein Stern mal verglüht. Wir möchten nicht, dass diese Leute dann mit nichts dastehen, sondern mit ihrer Ausbildung und ihrem Knowhow weitermachen können. Das ist uns sehr wichtig, das gesamte Thema Talentaufbau ist ein wichtiger Punkt. Wir haben nun mal die Top-*YouTube* unter Vertrag und ständig kommen neue nach. Durch unsere Talentbetreuung bieten wir diesen Leuten eine Anleitung zum Groß-Sein, aber wenn das nicht klappt – es kann nun mal nicht jeder an die Spitze des *YouTube*-Olymps klettern –, dann muss es ihnen trotzdem möglich sein, mit einem guten Gefühl und vor allem mit einer guten Lebenserfahrung und viel Wissen herauszugehen. Darauf legen wir großen Wert.

> Es kann nun mal nicht jeder an die Spitze des YouTube-Olymps klettern.

Peter Thiel hat mal gesagt „All happy companies are monopolies", dass also Unternehmen, denen es auch langfristig gut geht und die ihren Markt beherrschen, eine Art Monopolstellung sich erarbeiten. Ist das auch euer Plan?

Nein, so ist das in unserem Fall nicht. Wir sind kein Monopolist, es gibt seit Anfang des Jahres starke Mitbewerber wie Studio 71, dessen Mutter ProSiebenSat.1 ist, wir haben *DIVIMOVE*, dahinter steckt dir *RTL*-Gruppe und *Ströer* hat vor Kurzem auch einen unserer Mitbewerber gekauft, *TubeOne*. Es ist also nicht so, dass wir von Schwächlingen umgeben wären, das sind ganz im Gegenteil sehr ernstzunehmende Mitbewerber, die jetzt ihrerseits versuchen, uns Marktanteile abzunehmen.

Zurzeit sind wir Marktführer – und wir wollen es auch gerne bleiben. Wir tun alles dafür, dass wir weiterhin so innovativ und vorausschauend arbeiten. Und wir sind den anderen schon noch ein paar Nasenlängen voraus, allein durch die ganzen Daten, die wir in den letzten Jahren gesammelt haben, allein durch die Fehler, die wir hingelegt und aus denen wir gelernt haben.

Jan Schlüter

Im Hinblick auf 2015 können wir also schon noch ein paar Dinge tun, die sonst noch keiner kann. Und das ist auch gut so. Dennoch, wir sind kein Monopolist. Wir werden immer öfter zu *Pitches* geladen, wo diese neuen ebenfalls aufgefordert werden, ihre Angebote abzugeben. Es wäre eigentlich schön, Monopolist zu sein, aber wir sind es nun mal nicht.

> Wir sind kein Monopolist – auch wenn es eigentlich schön wäre.

Habt ihr Daten darüber, wie viele der Top-100-Künstler bei euch unter Vertrag sind?

Ja, haben wir bestimmt – weiß ich jetzt aber ehrlich gesagt nicht. Das kann man auf der Website *Socialblade.com* ersehen, die gibt Aufschluss darüber, wie ein YouTube-Kanal gerade dasteht. Als ich mal geguckt hatte, waren elf der Top 20 bei uns unter Vertrag, nicht die ersten elf, aber eben elf der besten Zwanzig. Im Moment sind alle Top-Partner vergeben und es findet ein starkes Abwerben statt. Aktuell sind also die Erfolgreichsten bei uns unter Vertrag, aber eben auch nur so lange es geht, dann kann letztendlich nur ein Wechsel zu anderen Mitbewerbern stattfinden. Das Spiel kenne ich aus der Vermarktung, das bin ich gewohnt.

Es muss also über kurz oder lang diese Wechsel geben?

Richtig, und das ist ein weiterer Aspekt, der uns ein wenig von den anderen Mitbewerbern unterscheidet: Wir stecken sehr viel in den Aufbau neuer Talente, denn wir wissen, dass Wechsel stattfinden werden. Nach drei, vier Jahren schauen die Leute einfach, wo das Gras noch grüner ist – und wir machen das ja auch. Wir suchen auch nach neuen Partnern, die vielleicht noch woanders sind, und ein paar Mal ist uns auch schon gelungen, diese für uns zu gewinnen. Nichtsdestotrotz und gerade deshalb ist es wichtig, gesunde, solide Nachwuchsarbeit zu leisten, die Mittelschicht zu fördern, die Stars von morgen.

Und diese 2.600 Partner von euch, sind das alle professionelle Künstler?

All unsere Partner sind mehr oder weniger professionell – sie sind aber auch in vielen unterschiedlichen Themenclustern aufgestellt, z.B. *Comedy Net, Magnolia,* Sport, das Cluster *News* ist auch sehr groß. Und das gesamte

Youtube-Stars sind die Popstars von morgen. Mediakraft vermarktet sie.

Thema Talent ist ein sehr großer Beitrag von uns. Wir haben ein eigenes Talent-Netzwerk und die Barriere, bei uns anzudocken, relativ niedrig gesetzt. Das heißt, man kommt recht schnell und auch automatisiert bei uns rein, in das *Mediakraft*-Netzwerk. Hier hat man die Möglichkeit, thematisch in eines der Hauptnetzwerke zu wechseln, wenn gewisse Faktoren wie Professionalität, *Views* etc. stimmen. Hierzu gehört im Prinzip auch die Einstellung, der Wunsch, mehr zu wollen, als nur ein Talent zu sein. Wenn das besteht, rutschen unsere Partner dann in gewisse Hierarchiestrukturen und je erfolgreicher sie werden, desto enger werden die auch an uns gebunden. Damit meine ich nicht unbedingt auf vertraglicher Ebene, aber sie bekommen einfach mehr Aufmerksamkeit. Das Ganze ist ein Geben und Nehmen, es ist ein partnerschaftliches Verhältnis.

Jan Schlüter

Das komplette Interview finden Sie in der Vollversion des Buchs.

Jetzt erhältlich unter:
www.online-mittelstand.de

Youtube-Stars sind die Popstars von morgen. Mediakraft vermarktet sie.

Made in the USA
Monee, IL
07 July 2026

56550372R00039